1. Prólogo

El día de hoy, para mí, en los que no tienes nada para hacer y decides sentarte a mirar una peli o "no hacer nada", sino que simplemente quería evitar la fatiga. Es por eso que me dediqué a pensar puras tonterías. Entre montones de cosas que recordé, estuvieron aquellos personajes que he conocido a lo largo de mi vida, y quienes han tenido un ligue impresionante con las mujeres.

Y aprovecho que estás leyendo y compartiendo conmigo esta lectura, para contarte que durante mi infancia conocí a un carpintero a quien apodaban "Sandro" por su look tan parecido al cantante de moda de los 70 que cantaba la famosa canción: "Este es mi amigo el puma, dueño del corazón... de todas las mujeres...que sueñan con su amor...". ¡Y vaya si las mujeres no morían por él! ¡Si donde se presentaba arrasaba! Las fans le tiraban sus calzones, sus sostenes. ¡Era irresistible! Luego, ya adolescente, conocí a Johnny, un joven nada agraciado físicamente: flaco, pelo parado, con el marcado acné que suele sorprender a esas edades; y en cuanto al factor económico se refiere, tampoco era nada privilegiado: no encontrabas ni siquiera una moneda en sus bolsillos. Johnny no tenía absolutamente nada de atractivo, pero las novias que desfilaban, ¡sí que eran bonitas! Se ve que algo lindo debería tener, pero a simple vista no te dabas cuenta.

Recordando su grupo de amistades, me acordé de Raúl, a quien apodaban "Niño Dios", y no precisamente por "niño diospicio" (niño de hospicio, como dicen los mejicanos), sino por la bella cara que tenía. Eso sí, lo que tenía de guapo, lo tenía de patán: de diez palabras que mencionaba, seis eran vulgaridades, y las otras cuatro eran artículos.

Y mientras estaba haciendo memoria de todos estos especímenes, recibí una llamada de mi mejor amiga, Jem. Le comenté los recuerdos que habían venido a mi mente y como podrás suponer, automáticamente, el tema de la conversación quedó planteado. Recordamos a los dos personajes de "Candy", la serie caricaturesca de los 80, y charlando caímos en la duda de porqué a la mayoría de las mujeres les gustaba Terry, el chico de la mirada mala, que era el cabrón de la serie, y no Anthony, que era el rubio delicado.

La plática acerca de las virtudes y defectos de los hombres que hacían volver loca a una mujer, para bien o para mal, se nos hizo tan larga, que decidí escribir este libro. Seguramente tú también has hablado horas por teléfono con alguna amiga, comentando por qué siempre nos gustan los hombres más recios, los que te muestran los músculos trabajados en el gimnasio, los que tienen cara de malo... y si vemos uno más o menos con cara de bueno, lo evadimos diciendo, "No sé... es como que le falta algo, no me produce nada...". Y ni te cuento cuando nos quieren presentar a alguien y al preguntar cómo es el hombre en cuestión, nos dicen: "Mira, muy lindo no es, ¡pero es muy bueno!". Listo. Descripción suficiente para ir a la cita desmotivadas o para rechazarla sin darnos una oportunidad. Por eso me dije: "¿Por qué no escribir un libro para que los hombres también tengan una guía para tener éxito con las mujeres sin importar si son Brad Pitt, George Clonney o el más feo con el que te hayas tropezado en la vida?".

Es mucho más que una cara bonita y unos buenos músculos lo que nos mueve. El éxito de los hombres con las mujeres, se balancea en diferentes ejes: poder, dinero, sexo, físico. Sin embargo, hay un aspecto que muchos han olvidado y que puede tener mucho más peso que el propio poder: "la caballerosidad". Es tiempo de que el hombre que haya pensado que ya no tiene posibilidades porque la naturaleza no ha sido generosa con él, descubra que tiene un talento capaz de seducir a cualquier mujer. Y para nosotras, que nos animemos a descubrir que hay mucho más que una linda cara para tener en cuenta al momento de estar con un hombre. Como verás, un tema más sobre los hombres para platicar con una amiga...

2. PODER Y DINERO

El dinero no lo es todo, ¡pero cómo ayuda!

Juntos o separados, en ese orden o en el inverso, poder y dinero giran entre los ejes más importantes en la vida de muchos hombres en cuanto a la conquista de una mujer. Hay una canción escrita por un grupo llamado "Los auténticos decadentes" que dice: "El dinero no es todo, ¡pero cómo ayuda!"; y en realidad, en muchos casos, así es...

Me atrevería a decir que el poder y el dinero, aunque muchas digan que no les importa tanto, sí es algo que importa a la mayoría de las mujeres. Y en este punto, el estrato social al que pertenezcan, no influye en absoluto. No es lo mismo que te pasen a buscar en tu primera cita en un buen carro, que tener que ir en autobús en una noche de frío o de calor... ¡Imagínate el regreso a tu casa si saliste con un hombre cuyos bolsillos no tienen más que unas pocas monedas! Ahí parada, esperando por largas horas el autobús... No es lo mismo ir a cenar a un restaurante y viajar sentada en un confortable carro, cómoda, con música, que llegar a cenar después de una hora y media de estar viendo cómo te trasladarías. Es más, muchas mujeres, a la hora de salir preguntan: "¿Tiene carro?", "¿qué carro tiene?". Incluso amigas mías, y creo que tuyas también, han rechazado una cita porque dicen: "¡Ni loca salgo si no tiene carro!".

Y esta es una de las historias que quiero contarte... Comenzaré relatándote una jocosa historia que vivió una de las célebres empleadas domésticas que pasó por mi casa en mi época de infancia. Esta muchacha de turbante y blusa transparente llamada "Vilma", era la que robaba suspiros desde la mañana, cuando pasaba el panadero, hasta el atardecer, mientras coqueteaba con Julián, el guardaespaldas de mi vecino. Julián era un tipo robusto, mal encarado, de botas muy bien lustradas, mirada retadora, y podría decirse que tenía un físico regular. Con el buen sueldo que ganaba, se había comprado un carro más o menos presentable. Vilma, todas las noches buscaba el pretexto de ir a la tienda a comprar algo, para poder pasar por la esquina y encontrarse con el policía de la garita con quien pasaba largo tiempo platicando. Este hombre llamado Mingo, era un tipo guapo, de cabello castaño y ojos avellanados, simpático, pero con la respectiva cara de aflicción que le daban las deudas de toda la vida. Lo único que este hombre tenía para ofrecerle a Vilma, era tema de conversación. Ambos compartían pláticas tan amenas y prolongadas, que primero se me quitaba el antojo, antes de que Vilma regresara de la tienda con mis chocolates.

"A los hombres se les puede dividir en dos categorías: los que hablan para decir algo, y los que dicen algo por hablar". *Príncipe Carlos José de Ligne*

Lo emocionante de esta historia, fue cuando los dos se empezaron a discutir el cortejo de la famosa Vilma. Como no podía ser de otra manera, yo, con la escasa curiosidad que me caracteriza, me encargué de fijarme en todas sus tácticas de seducción.

El primer domingo, Vilma salió con Mingo. Se arregló tanto que hasta se llevó puestos los zapatos de mi mamá, cosa que nos enteramos tiempo después, cuando vimos una foto de ella con Mingo en el parque y notamos que lucía los finos zapatos Chanel. A su regreso por la noche, yo estaba ansiosa por saber cómo le había ido. Su arribo triunfal fue caótico, con una cara de decepción total, la vestimenta llena de lodo a causa de un carro que pasó salpicándola al regreso del baile, y muriéndose del hambre, porque Mingo no la había invitado a comer. Resulta que el famoso Mingo se había emborrachado, y al momento de pagar la cuenta, confesó no llevar dinero. Así es que a Vilma no solo le tocó pagar, sino también tuvo que acarrear con el borracho. La pregunta del millón es: *Si Mingo la hubiera invitado y pagado todo, ¿hubiera importado que se emborrachara?*

En cuanto al domingo que salió con Julián, la historia en cuanto a la plática, el baile y los lugares visitados fue la misma que con Mingo; sin embargo, las pequeñas grandes variables fueron las cuentas pagadas por él, sumado al medio de transporte que evitó que Vilma regresara salpicada y decepcionada. La única diferencia fue que en esta ocasión la borracha fue ella, no él.

Así fue como Vilma finalmente terminó poniéndose de novia con Julián después de varias salidas, mientras el pobre Mingo cantaba con gran decepción canciones de despecho todas las mañanas.

Apenas Julián empezó su relación con Vilma, la plusvalía se le subió, y todas las demás muchachas lo empezaron a pretender. Esto hizo que iniciara con los respectivos excesos que suelen suceder en los hombres cuando ya el ego les está llegando al cielo. Fue aquí cuando las salidas con Vilma fueron cada vez más. Julián aprovechó esta oportunidad de reconocerse el "macho del barrio" para comenzar a probar suerte con las demás muchachas que le tiraban el calzón. Yo me encargaba de pasarle todos los nortes a Vilma luego de ponerme a escuchar –disimuladamente, claro– las conversaciones de Julián con las demás.

Pasó el tiempo, y Julián se ponía cada vez más prepotente con Vilma; hasta un dorado día que apareció "Milton", el supervisor de la garita de seguridad, en una moto nueva y con una pinta de actor de cine que no podrías creerlo. Desconcierto, bronca, odio, ira, todas las emociones juntas que puedas imaginarte le dieron a Julián cuando lo vio dándole una rosa roja a Vilma. ¡Había que ver la manera en que ella sonreía y el brillo especial que tenía en los ojos –sumado a la brillantina que yo le había prestado para que se aplicara–!

Julián se paseaba por la acera como león enjaulado, sin poderse mover porque tenía la obligación de llevar al viudo Don Leonel a cenar, un señor que salía a cenar con diferentes mujeres a diario, pero a quien nunca vi que regresara con alguna de ellas a su casa. Creo que de él había aprendido Julián diferentes técnicas de seducción.

Desde mi ventana, vi entera la película, desde el momento en que Julián y Don Leonel se subieron a la camioneta negra, pasaron justo a la par de la garita y escucharon las carcajadas de Vilma provocadas por los simpáticos chistes que contaba Edwin Rocael, alias Milton. A partir de esa noche, Julián comenzó a poner el radio a todo volumen con música ranchera mientras lavaba la camioneta todas las mañanas. Lo que Julián nunca había hecho antes, ahora lo hizo: llegó a dejarle una bolsa de dulces y a pedirle a Vilma que fuera a su pueblo, a lo cual ella se negó.

Julián y Milton, ganaban casi lo mismo, tenían puestos similares y en cuanto al físico, se podría decir que no sobresalía uno sobre el otro... Lo único que los diferenciaba, era el carisma, la educación y los detalles. Fue así como Vilma abandonó a Julián, Mingo fue demandado por la pensión de dos mujeres que mantenía al mismo tiempo, y Milton se quedó con Vilma.

Curiosamente, cuando Vilma dejó a Julián, todas las demás muchachas desaparecieron del mapa. Fue a esa edad cuando aprendí que **"una mujer bonita, le sube la plusvalía a un hombre"**. Esa fue la primera historia que recuerdo, en la que noté cómo el dinero y el poder, podían hacer marcadas diferencias en la elección de una mujer. Si bien no lo eran todo, sí eran bastante.

"Los hombres tienen el poder de elegir; las mujeres, el privilegio de rechazar". *Jane Austen*

A mis 16 años empecé a ser cortejada por Bertín, un joven verdaderamente rico y poderoso. Sin embargo, a esa edad a mí no me importaba el dinero que su papá tenía en la cuenta bancaria: yo me dejaba llevar más bien por el físico, que en ese entonces, no era él el más guapo para mí, sino los actores y cantantes de moda. No obstante, este mismo hombre, años después, fue uno de los primeros amores de mi vida, ¡pero eso fue debido a otra virtud!

En mis años de universidad tuve compañeros más pobretones que una laucha, pero todos muy simpáticos, lo cual hacía que tuvieran un gran número de amigas que los querían solo por su forma de ser, pero no para novios. De todos ellos, observé casualmente que los que eran luchadores y trabajaban horas extras o aceptaban cualquier tarea para tener un dinero de más, y encima de eso eran buenos estudiantes, eran precisamente los que tenían novias buenas y bonitas. Y lo mejor de todo es que la mayoría de ellos se casaron con ellas.

A esta edad las mujeres no vemos el presente como tal, pero en nuestra astucia femenina, buscamos al que algún día podrá trascender y tener poder y dinero. Queremos ser independientes, que no nos persigan, queremos tener nuestro propio dinero; pero hay días, o momentos, en los que también nos gusta tener un hombre que tenga una liquidez bancaria suficiente para decirnos, "Puedes gastar en todo lo que quieras, no tienes que mirar los precios, compra y disfruta". ¡Ah! ¡Imagina encontrar un hombre así, y que encima sea caballero y te quiera! Pero no siempre es así, o no todas las mujeres corren con la misma suerte.

Hay hombres que no solo son pobretones sino también imbéciles. Son los típicos hombres que mantienen siempre relaciones inestables y también son los más engañados; sin embargo, algunos de estos, a pesar de no haberse graduado, no trabajar y ser pobres, consiguieron mujeres esforzadas y "comprensivas", que les sacaron adelante el hogar. Las mujeres sabemos sacar la casa adelante. Muchas son expertas en hacer alcanzar y aun multiplicar cuando lo que hay es escaso; y es más, muchas de ellas tienen una sonrisa en sus rostros como si nada hubiera pasado. Trabajan fuera del hogar horas y horas, para luego llegar a casa y seguir trabajando. Y no solo eso, sino que también tienen que mostrarse felices, contentas y con ganas de ir a jugar después de cenar. ¡¿No será mucho?!

"Muchos hombres habrían sido sabios si no hubieran creído demasiado pronto que ya lo eran".[1]

Gerardo fue uno de ellos. Para que nadie lo juzgara de no trabajar, decía dedicarse a los bienes raíces, pero en realidad, lo único que hacía era hacerse amigo de los clientes para sacar invitaciones para salir a divertirse gratis, ir de tragos sin tener necesidad de gastar una moneda o conocer a alguna millonaria desvalida a quien sacarle algo.

El caso de Luis fue muy diferente. Él era un esposo ejemplar, con muy buen carácter, cumplidor en el servicio nocturno y, consciente que su esposa María trabajaba más y ganaba mejor, le ayudaba en los menesteres de la casa. No obstante, cuando nació el primer bebé, todo se complicó ya que María no podía trabajar tanto como antes y Luis, por su apaciguada personalidad, aunque hiciera mayores esfuerzos, nunca logró conseguir un trabajo decente donde ganara lo necesario para mantener a su familia. María comenzó a agotarse. Con el pasar del tiempo, se decepcionaba más y más cuando veía a sus amigas en centros comerciales, haciendo compras, felices y sonrientes.

---

[1] Extraído de http://www.masfrases.com/

Pasaron los años y la amargura y la depresión por la falta de dinero comenzaron a hacerse cada día más presentes. Aumentaron las peleas, las discusiones, las recriminaciones: "Tú nunca has hecho nada", "yo siempre hago todo y tú estás como un vago en casa", "todo lo esperas de mí", "a ti lo único que te importa es la plata". Y así es como podemos pasar del amor al odio cuando en la billetera no hay un céntimo de nada. En esta pareja, no solo bajaron los ingresos, sino también el apetito sexual. Esta situación llevó a Luis a engañar a María con la secretaria de la oficina donde trabajaba. Tarde o temprano, como pasa siempre, la mentira como la infidelidad se descubren, y María se enteró. Si bien para algunas mujeres enterarse que son engañadas es un cuchillo en su corazón, una traición, para muchas otras como para María, fue el pretexto más válido para dejarlo, la excusa perfecta para alejarse y sacarse semejante clavo de encima. Sin embargo, esta mujer ya habría expresado de su propia boca su arrepentimiento por haberse casado con un hombre como Luis. El médico psiquiatra y psicoterapeuta Walter Ghedin, indica que "Las mujeres que ya pasaron por experiencias vinculares y son independientes fantasean que si el hombre no tiene un trabajo fijo o un bienestar económico, ellas tendrán que mantenerlo. Piensan: 'No importa si es atractivo, si es buena persona, no estoy dispuesta a ceder mi independencia para sostener económicamente a un hombre'".

Y la verdad es que este médico tiene razón. María es el típico ejemplo. La verdad es que después de remar por años y años, una ya no cree en el "contigo pan y cebolla" y es por eso que para estar en pareja, a esta altura, las mujeres ya ponemos condiciones; si no, es preferible estar solas que mal acompañadas.

Esta historia me dejó de lección que la diferencia entre una mujer y otra, es el tiempo que lleva en decepcionarse al no sentirse provista económicamente.

"Esta obstinación nuestra en ver —o esperar— algo diferente a lo que en verdad es, es la que nos demora en cuestiones imposibles y poco sanas". *Nanci Martin*

Al pasar de los años compartí con hombres ricos y pobres: era algo que a mí de jovencita no me importaba. Sin embargo, tuve una compañera que se dejaba ir por los carros y los lujos que le ofrecieran los hombres. Ella se había graduado de secretaria y decidió trabajar en vez de estudiar. Tenía un físico llamativo y su condición social era media baja. A ella no le importaba en lo absoluto la edad y el físico: ella perseguía un hombre que la respaldara económicamente y lo logró. Consiguió un hombre de 250 libras, sin estudios superiores, feo como una balacera en el desierto y con los peores modales que podían existir. Un hombre con el que el resto de mis amigas y yo, no hubiéramos salido nunca, así tuviese todo el dinero y el poder del mundo. Me di cuenta que cada mujer, según sus características o su historia de vida, podía ser perfectamente capaz de buscar solo dinero y poder, sin importarle "el refinamiento social" o la "clase". Esta mujer se movió en el círculo de los ricos sin clase, y fue así como consiguió apartamento, carros, joyas, cirugías plásticas y un aspecto vulgar que era el gusto predilecto de los narcos y nuevos ricos. Hasta la fecha nunca consiguió andar con alguien diferente. Noté con esto, que *el poder y la riqueza podían conseguir muchas mujeres en cuanto a cantidad, pero no a calidad, cuando no existían los buenos modales.* Pero a todas las mujeres no siempre nos convence una billetera abultada: también deseamos a un hombre que tenga los modales básicos para tratar a una dama y que recuerde que no está hablando con el que está a su lado en una final de fútbol.

Yo fui una que tampoco escapó de estos especímenes. Ya de adulta conocí a un hombre a quien mi amigo Jorge describiría como "el típico cachimbiro": el fanfarrón de rebuscado mal gusto, físico promedio, profesional, joven, soltero y rico, perfecto para cualquiera según las descripciones anteriores, lo que lo hacía ser un mujeriego empedernido. Sin embargo, no fue eso lo que verdaderamente me espantó tanto: nada era peor que sus pésimos modales y costumbres. Su forma de comer, era algo ahuyentador, sus ruidos eran intolerables, su forma de hablar y muchos otros detalles, incluyendo la sirvienta incluida en su lista de amantes, lo hacía acreedor de que cualquier mujer con dos dedos de frente y con estilo, saliera corriendo.

Esto no quiso decir que le faltaran mujeres, eso era lo que le sobraba. Y claro, con todas esas cualidades que le salían a flote, y su lucha por demostrar su poder y dinero montando un show con sus guardaespaldas, que se asemejaba a un ensayo de película de acción, era de esperarse. A pesar de ello, la calidad de mujeres que le abundaban no necesariamente eran finas y bellas, y su queja eterna, era que todas lo engañaban. Solo tenía a su lado mujeres que buscaban saltar a la fama como aquellas que buscan estar al lado de un famoso ricachón o de un jugador de fútbol con tal de ser fotografiadas, aparecer en la TV, viajar a Miami, comprar en Bay Harvor, en la 5ta avenida, etc., pero que sabes que cuando llega el momento de estar en la cama con este hombre no vas a recibir lo que estás esperando. Y es que este hombre es un ensayo de hombre, por lo que allí mismo, con todos los zapatos que te hayas comprado, tendrás ganas de salir corriendo a buscar a un caballero que sepa verdaderamente cómo tratarte.

En una oportunidad, el mediático argentino Jacobo Winograd declaró en televisión: "Billetera mata galán". Una y otra vez, el hombre gritó a los cuatro vientos lo que ya podemos asegurar es su "frase célebre". A partir de sus dichos, se despertó una polémica que generó cientos de comentarios que se difundieron en numerosos medios argentinos. Los resultados de una encuesta realizada por un medio gráfico arrojaron que cuatro de cada diez personas confirmaron que el dinero importa más que la belleza u otros atractivos a la hora de generar deseo o atracción. Casi 3.800 personas contestaron la encuesta de Entremujeres: "¿Billetera mata galán?". Según los resultados, el 39% de las mujeres respalda la frase. "Sí. Después de cierta edad, no me gusta bancar a nadie", afirmaron.

En segundo lugar, el 30% sostuvo algo parecido, que también habla de la creciente importancia del dinero en los vínculos amorosos, al menos entre las damas. Con algún reparo frente a la frase, coincidieron: "No, pero tampoco contigo pan y cebolla".

A su vez, el 21% prefirió complejizar el tema: "Ni galán ni billetera, depende del caso". Pero lo más llamativo fue el poco *quórum* que tuvo una de las opciones: solo el 10% contestó que el nivel económico no influye en las relaciones de pareja: "El dinero no importa" lo eligió solo una de cada diez mujeres.[1]

Claudio Gandelman, CEO para Latinoamérica de Match.com. afirma que "Las mujeres esperan que el hombre tenga, como mínimo, lo mismo que ellas", "A diferencia de los hombres (que buscan una pareja bonita y simpática), ellas buscan un conjunto de cosas, un perfil más global. No solo el dinero, sino que sea un señor educado, con una personalidad interesante, que pueda pagar la cena".

Ahora bien, si te pones a pensar, ¿qué tanto tiene de malo eso? ¿O acaso no merecemos que nos atiendan como corresponde?

Este era el hombre perfecto para engañar:

Tenía mucho dinero, pero era tacaño como él solo: buscaba sitios baratos y pedía el plato de entrada más barato, como plato principal. Su pretexto de siempre era que no le gustaban los lugares donde llegaba mucha gente, y así terminaba frecuentando sitios aislados y baratos.

No olvido la primera vez que me invitó a comer y pidió el plato más barato: ¡ni pudo pronunciar el nombre en otro idioma! La segunda vez, que había más confianza entre los dos, sabiendo él que yo era de poco comer, se aprovechó para pedir una mísera ensalada para compartir entre los dos, la cual ajustó con los consomés que daban de cortesía. Lo peor de la situación fue que me morí de la vergüenza puesto que en el lugar me conocían muy bien. Lamentablemente, en ese entonces yo todavía me conservaba dama. Si eso me hubiera pasado ahora, ni yo misma habría sabido cómo terminaba la velada, ya que no se trataba de un hombre pobre o alguien que estuviera haciendo un gran esfuerzo por invitarme: el hombre en cuestión contaba con suficientes recursos económicos.

Si algún día se le ocurría dar algún regalo, los que le daba Julián a Vilma, eran más exclusivos.

El desfile de mujeres que pasaba por su casa era interminable, pero ninguna se quedó fija: todas prefirieron conseguir en los arrabales, alguien que las tratara bien y que irónicamente mostrara más clase, aunque ese alguien tuviera mucho menos dinero. En esta parte de la historia, se hace presente la tacañería y la falta de clase, lo cual, me atrevería a decir, es uno de los factores fulminantes en la decisión de una mujer.

"Si bien es cierto que hoy en día en esta sociedad, que se ha vuelto consumista y materialista al máximo, tener dinero, ahorros, auto, casa propia y el mejor trabajo nos convierte en un 'buen partido', como decía mi abuela, a la hora de encontrar pareja creo que no todo pasa por ahí. Según un estudio que se llevó a cabo en la Universidad Princeton de los EE.UU., comparando datos de hace más de 30 años con casos actuales, tener un auto aumenta en un 2,6% la probabilidad de casarse para un hombre. Y aquellos felices poseedores de acciones y bonos tienen un 1,5% de posibilidades de formar pareja.

Pero la realidad nos demuestra que a una persona le pueden romper el corazón –engañarla, dejarla plantada, mentirle y tantas otras cosas– independientemente de los bienes o la posición económica que tenga. Así que aunque nos ayude al principio, tener dinero no es garantía de 'amor eterno'. ¡Y cuántas disputas descarnadas solemos ver en separaciones de parejas ricas y famosas que se amaron con locura! O al menos, eso nos hicieron creer".[2]

CONCLUSIONES:

[2] Extraído de http://www.entremujeres.com

☐☐Definitivamente, por principios ancestrales, la mujer siempre va a preferir al hombre de mejor condición económica, porque inconscientemente se siente protegida y consentida. Sería hipócrita decir que si entre dos hombres buenos y guapos, uno de ellos tiene más dinero que el otro, la mujer escoge al otro: ¡mentira!

☐☐El hombre tiene que entender que hay una diferencia entre dinero y poder: "admiración". No es lo mismo un hombre que está nadando en dinero debido a su propio esfuerzo, que alguien que simplemente lo heredó y puede fácilmente gastarlo y no volverlo a tener.

☐☐Cuando hay suficiente poder y dinero, pero la tacañería se hace presente en el hombre, cualquier mujer se decepciona a corto o largo plazo, independientemente que sean o no interesadas. La tacañería en un hombre, es un factor "mata pasiones" para la mayoría de mujeres, a excepción de las que se hablará en capítulos posteriores.

El dinero y el poder juntos, es algo que llama la atención a cualquier mujer; sin embargo, hay un detonante que hace que determinadas mujeres se decidan por el mismo hombre o no: "La clase". La inteligencia, la cultura, la caballerosidad, hacen la diferencia marcada entre uno y otro hombre, para encontrar la mujer ideal para cada quien. La mujer vulgar será atraída por el patán, mientras la mujer refinada, por el fino y educado.

Concluyendo este capítulo, podríamos decir que dependiendo del tipo de mujer, son diferentes los aspectos que busca, como detalles, calidad de vida, invitaciones, buenos tratos, pero todo esto viene derivado de un factor: **DINERO.**

Algunas otras no solo buscan los derivados del dinero, también buscan ser protegidas, admirar e idealizar a su hombre, presumir que andan con el dueño de una marca famosa, con un hombre reconocido en la sociedad, que puede que sea hasta feo y no tener ni dinero, pero el ser quien es, lo vuelve interesante y hace que las mujeres los busquen, y esto es por su **PODER.**

No hay mujeres frías, solo mal calentadas.

Para empezar... ¿cómo llevar a la cama a una mujer?

Esta es la pregunta del millón, con un millón de respuestas, desde entretenerlas por un buen tiempo, emborracharlas, invitarlas a una cena romántica, llevarles serenata, flores, tener buena labia, o simplemente lanzárseles encima.

¿Funcionan todas o ninguna? La respuesta puede ser más simple o compleja de lo que parece: ¡depende el hombre!

Hay hombres que son tan guapos y atractivos, que solo de verlos ya nos dan ganas de poseerlos, sin necesidad de que ellos hagan mayor cosa, ni estar borrachas: solo al verlos ya te has hecho toda la película de lo que le harías y lo que te gustaría que te hicieran, y no ves el momento de cómo poder hacer algo para llamar su atención. ¡Solo de verlos se te hace agua la boca!

"A los hombres tiene que gustarle todo lo que ven; a las mujeres, todo lo que oyen".

Hay otros que no son guapos, no tienen dinero, pero saben escuchar y hacer sentir a la mujer admirada, deseada e importante. Ellos, para llevarla a la cama, deben invertir más tiempo en compartir diferentes actividades y mostrarse encantadores e interesantes. Deben organizar esa famosa cena romántica, con las respectivas copas, llevar flores, encantar con su plática, para finalmente llegar al momento esperado. Es este momento el decisivo para saber si esta historia continuará o quedará como un traumático recuerdo para él, para ella o para ambos.

Las histéricas son la excepción a la regla. A ellas sí les gusta que las miren, lo disfrutan y se sienten triunfadoras".

Analizando las dos veces que me sucedió a mí, la primera vez fue por borracha y fui yo quien lo propuse. Fue con un hombre guapo y agradable, de quien podría jurar yo fui el amor de su vida. A raíz de eso, tuvimos una relación formal y por poco nos casamos. Era muy bueno en la cama, pero era demasiado lento y falto de coraje, carecía de esa chispa y malicia nata de los hombres que a las mujeres tanto nos gustan, en especial a mí, que no tolero la debilidad.

"Sea como sea, la historia siempre termina igual: tanto los hombres que andan con mujeres que solo ofrecen un belleza impactante, como las mujeres que van tomadas del brazo de aquel que les prometió 'el sol y la luna', siempre terminan frustrados".

En esta relación en la que yo me puse en bandeja de plata, desde el primer día comprobé el título de mi primer libro: "Siendo Puta me fue Mejor". La segunda vez fue con un hombre con quien nos habíamos conocido a puro mensaje de texto, algo que yo no acostumbraba a hacer con nadie. El caso de él fue la excepción por el perfil que llenaba, su físico, gustos en común, su buen sentido del humor y principalmente su nobleza y sentido común. Llegó el día de conocernos en persona, sin saber que nos daríamos otro tipo de conocimiento. Me tomé mis vinitos y él no sé cuántas cervezas, acompañadas de una amena plática en la que nos conocimos tan bien, que la confianza nos hizo entrelazar nuestros dedos de las manos, y hasta lloramos juntos platicando cosas de la vida. Yo, tratándome de pasar de abusiva, le puse su mano en mi pierna –cabe mencionar que llevaba una minifalda de una cuarta– y, como puedes imaginar, se nos hizo muy fácil pasar a más. Después de esto, seguimos con la amistad a través de mensajes, porque hubo un pequeño gran inconveniente: era casado. La rectitud y nobleza de ambos, que en cierta forma creo que fue lo que nos llevó a tener tanta química, también nos llevó a no darle continuidad al asunto, porque hubiéramos llegado a mucho, y esto hubiera acarreado problemas.

Y habiendo llegado esa primera vez, ¿qué pasa después?

Es aquí donde continuamos con las preguntas que tras siglos muchos hombres no han podido descifrar cabalmente: ¿qué conlleva un buen sexo?

Físico, preámbulo, erección, duración, repeticiones... ¿importan todas a una mujer? La respuesta es SÍ. Sí importan, para la mayoría en ese orden, para otras, en diferente, pero la máxima satisfacción femenina se alcanza realmente cuando existen todas esas y algunas extras. A esta satisfacción completa que un hombre con todas esas virtudes sexuales puede llegar a obsequiarle a una mujer, le podríamos llamar "experiencia religiosa", como le llama Lisa, una atractiva trigueña que le llamó así a su mejor experiencia sexual con un venezolano, a quien al primer día de conocerlo, tras una amena e interesante plática, lo llevó a la cama.

Para empezar, este bello venezolano, no comenzó como un perro en brama a abalanzársele por encima, sino que puso un disco con bella música. Además, era un tipo que sabía de mantra, por lo que inició con un suave masaje que hizo que Lisa pidiera a gritos hacer el amor, tras haber tenido ya el primer orgasmo. Sin embargo, él fue lento y constante en sus caricias, luego se desvistió y... ¡vaya sorpresa!, ¡sus atributos físicos eran verdaderamente atrayentes! Luego, cuando sucedió la penetración, Lisa verdaderamente sintió que dentro de ella había algo, no como cuando pensamos que lo que hay adentro es un mini tampón. Con semejante atributo dentro, se inició la serie de perfectos movimientos que siguieron durante toda la noche, casi sin parar. A la mañana siguiente, cuando Lisa amaneció casi sin poder caminar, ocurrió el clásico mañanero, acompañado de un suculento desayuno preparado por él mismo.

Finalmente este hombre se quedó con la ex, quien incansablemente le rogó y lo terminó convenciendo con lujosos regalos, entre ellos un carro convertible último modelo.

Esta historia parece demasiado buena para ser verdad, por lo que entre risas y bromas con Lisa, mientras viajábamos a la inauguración de un hotel, también sacamos al ganador del peor encuentro sexual que ella tuvo, a quien bautizamos "tres segundos", que fue lo que tardó en eyacular. Escuchando la narración de encuentros sexuales de miles de mujeres diferentes en edad, raza, condición social, etc., llegué a identificar lo malo y lo bueno, y lo quise compartir.

3. EL AMANTE PERFECTO

Todas las mejores historias de la mayoría de mujeres coinciden en un excelente preámbulo anterior a la penetración, variedad de sitios donde se practica, duración del coito, excelente erección, pene de tamaño ideal, romanticismo posterior al encuentro sexual, entre otros factores.

Contaré historias reales donde ustedes se darán cuenta de que todo lo mencionado anteriormente coincide con las mejores experiencias para una mujer.

Experiencias con primerizas:

Historia de Shirley y Maquito:

"Fue con mi primer novio. Creo que nos llevábamos muy bien en ese aspecto. Un día nos fuimos a un motel; no más cerramos la puerta, me puso contra la pared, me besó, me cargó y me puso sobre la cama. Me vendó los ojos y me empezó a besar y a desnudar. Me puso chocolate sobre las piernas y me lo quitó con su lengua. Cuando llegamos al momento en que ya estaba lista, lo hicimos en la pose que a mí me gustaba, y después ya me sentía lo suficientemente segura para ponerlo como yo quería. Duramos haciéndolo 1 hora y ¡me encantó!".

De esta historia, queda de lección que el hecho de que sean ustedes el primer novio de ellas, no quiere decir que no se esmeren por pensar que ellas al final no saben nada. No olviden que tienen amigas experimentadas que se encargarán de ponerlas al día, y si ustedes no se han portado satisfactoriamente, no solo ella se decepcionará, sino serán el hazme reír de todas las amigas y se harán mala fama, nombrándolos como "El palo pura mierda".

Las caricias y el preámbulo:

Historia de Issa y su chico:

"Bueno, esa ha sido y será con un chico 3 años menor que yo. ¡No sabes las buenas revolcadas que me dio ese fulano! Es de los tipos que con una mirada te seducen y con el primer beso te matan. Y es que el tipo sabe que está re bueno y también sabe lo que tiene. ¡Dan ganas de ni soltarlo! Besa muy bien y te aseguro que cualquiera juraría que en su vida pasada fue panadero, por la manera de tocar y amasar lo que tiene. ¡¡Mi Dios!! Y con esa barbita que roza hasta que arde... ¡insuperable! ¡Mejor ni me recuerden que me regreso! Ahora sí que como dice la canción "¡qué bello cuando me amas así, y muerdes cada parte de mí!" No, en serio, ¡qué conexión que había con él!... Bueno, "hay", porque todavía tenemos nuestros encuentros cercanos, hay junta de ombligos de vez en cuando, y de verdad que uno no quisiera soltarlo. Puedes llamarme descarada o lo que sea, pero ¡qué bien está el muchachito! Con él sí tomo dictado de tres formas, en taquigrafía, a máquina y ¡en sus piernas! Pues ya te digo, esta ha sido la mejor relación que he tenido... y todavía nos juntamos de vez en cuando, no hay sentimientos, únicamente pasión y las ganas de pasar un buen rato y darnos una buena cogida".

En esta y otras historias coinciden la fuerte atracción física y los buenos besos. Lamentablemente, el hombre por lo general se preocupa de la forma en que se va a desenvolver durante la penetración y no se imagina que unos besos espectaculares puedan vivir eternamente en nuestros recuerdos.

Historia de Vivi y su loco: *historia la viví con un hombre con quien sentimos fuerte atracción desde el primer día que nos conocimos. Sin embargo, no tuvimos ningún tipo de contacto físico tan rápido. Lo que sucedió fue muchos meses después, luego de habernos cortejado y dedicado insinuaciones recíprocas sumado a buen trato por parte de él hacia mi persona, siempre dando muestras de aprecio y admiración, indicativos de su seguridad. Llegué un día a su oficina y me abrazó por la espalda. ¡Se me revolvieron todas las circunstancias! Pero en ese momento yo estaba en una "no relación" a quien quise guardar fidelidad. Esa "no relación" quedó como toda su cara y eso me llevó a dejarla, lo cual me dio licencia una noche para irme a tomar un par de buenos tragos que me hicieron llamar al fin a este hombre con el que veníamos provocándonos. Ni dos veces me dijo que me desviara para su casa. Ese día yo me veía sumamente atractiva con un vestido muy cortito, que según pensaba, iba a volar en 5 minutos. Pero esos 5 minutos se tornaron en 5 horas de ascendente placer: sufrí, pero de la tortura de querer pedir a gritos que ya pasara lo que tenía que pasar. El hombre me entretuvo de tal forma, que mezclamos interesante plática con caricias ascendentes, que lo hizo ¡incomparable! Este hombre tenía muchísimas virtudes sexuales: era guapo, varonil, atractivo, buena erección, una resistencia impresionante y sus besos me mataban... ¡Ese día me besó desde el pelo hasta la punta de los pies! Y lo más* simpático del asunto fue cuando dio a conocer su gran argumento: ¡era demasiado pedir! Como bien dice el dicho: "A todos les llega su día", ¡y ese día me llegó a mí! Fui yo quien no aguanté tanto ese día; sin embargo, estos encuentros se repitieron y cada vez fueron mejores, mientras me fue amoldando a su tamaño y nos seguimos conociendo más.

Nuestra intimidad, con el tiempo, pasó a ser una experiencia religiosa: desde pláticas tontas y divertidas en plena madrugada, hasta temas profundos acompañados de un whisky, que lentamente resultaban en la unión de dos dioses en la cama.

En otras ocasiones fui yo, quién me lo pasaba levantando a su oficina, y era de igual forma excepcional el momento. Y también fui yo la causante de provocarle fantasías extrañas en plena madrugada, que hacía que llegara a buscarme".

"Las mujeres con pasado y los hombres con futuro son las personas más interesantes". *Chavela Vargas*

Historia de Mishelle y Piere (romance viajero): *"Me fui de viaje... al otro lado del mundo. En mis últimos días por allá, caminaba yo por las calles para lograr conocer lo que aun restaba. En fin, con el mapa en el rostro tratando de descifrar qué ruta me quedaba mejor, pasa un desconocido y me pregunta si estaba perdida... ¡hubo una atracción instantánea! Hablamos de qué sitios me faltaban conocer... y quedó en pasar más tarde por mí en un punto, para llevarme a otro lugar. Y así lo hicimos: me llevó por los lugares que aún no conocía, y al final, hasta el mirador de la ciudad... una gran vista, gran plática, gran conexión, y todo se dejó llevar... Después de besarnos me preguntó si quería conocer su apartamento... y claro, ¡no iba a desperdiciar la oportunidad! Y nos fuimos a su casa, y a conocer cada una de las partes, pero no de su cocina sino de nuestros cuerpos... Fue muy suave, sincero, encantador; pero lo más excitante era, quizás, que se trataba de un completo desconocido, pero que conocía cada una de las partes donde debía tocar, besar, y más... Me encantó el hecho de que me quitara con esmero, delicadeza y excitación cada prenda de ropa... Se tomó el tiempo de apreciar cada parte de mi cuerpo, buscó la luz que entraba por la ventana y pudimos vernos completamente el uno al otro. Mantenía los ojos muy abiertos para poder ver cada una de las cosas que hacíamos... Se tomó su tiempo para hacer sexo oral —que aclaro, es de lo mejor que un hombre puede hacerte, al menos a mí—. Pero no solo por hacerlo: son* *los movimientos, todos diferentes... y es que tú sabes cuando alguien sabe y lo desea, y cuando no sabe ni siquiera qué es... pero en este caso ¡Él sí sabía lo que hacía! Luego, acondicionarnos el cuerpo de uno al otro con movimientos graduales que van de poquito y suaves, a intensos y fuertes... Que los sepan mantener es importantísimo, porque si el ritmo es el mismo se vuelve aburrido... Y ya al final, frente a un espejo, vernos literalmente las expresiones completas del otro al terminar... Más tarde, recostaditos en la cama... él me cantaba suavemente... ¡Fue genial saber que congeniábamos en todos los aspectos! Una coincidencia del destino que se haya cruzado en mi camino y en mis experiencias sexuales... ¡Ah! ¡Agrégale además el acento extranjero! ¡Vaya si no conocí un poco más de todo! Así que puedes agregar a tu lista de cosas por hacer: ¡tener relaciones con un buen extranjero!"*

Cabe mencionar que la mayor parte de las mujeres le temen al "qué dirán", y es por ese motivo que las extranjeras pueden llevarse con mayor facilidad a la cama: ellas van desinhibidas y sin miedo a que al día siguiente lo sepa todo mundo, de modo que ellas se limitan a disfrutar. Por otro lado, saben que si al día siguiente todo queda en el olvido, ¡no importa!, ya que el retorno a su país es obligatorio, y no temen a sufrir por el desamor que causa un "Si te he visto, no me acuerdo".

El sentirnos deseadas:

Esposo cariñoso vs amante:

"La mejor fue con un amante que tuve, un brasileño. Él es fantástico... claro, lo que pasa es que es unos años mayor y tiene mucha experiencia. El tipo es un mujeriego empedernido, pero no me importó ser una más porque se trataba de sexo sin compromiso. Con él aprendí que la experiencia y el tamaño cuentan mucho, y si bien es un maestro, nunca me hubiera casado con un tipo como él. En realidad, creo que los tipos como él, tampoco se casan, y si se casan, viven saltándose la cerca...

Mi marido es otra historia: no es el mejor amante, ¡pero es tan cariñoso y atento! Aprovecha cada momento que puede para hacerme sentir deseada. Vive excitado por mí. Cualquier cosa lo excita y me lo hace saber, ¡y yo me siento una diosa! A veces es un poco impaciente, pero me escucha y se esfuerza por complacerme. No lo cambiaría por nada.

"Hay mujeres que quieren tanto a sus maridos que, para no usarlos, toman el de sus amigas". *Alejandro Dumas*

También tuve una experiencia de casi sexo con un tipo fantástico, un escritor. Lo especial de él era que, con su capacidad de observación, me decía todo lo que yo siempre había soñado que un hombre me dijera. ¡Eso me dejaba loquita por él! Me sentía su musa, la mujer más especial del mundo. Con él supe lo que es literalmente temblar de deseo – también era un mujeriego con mucha experiencia–. Lamentablemente, por circunstancias del momento, no llegamos a la acción propiamente dicha, pero no importa, nunca voy a olvidar lo que sentí".

Es increíble como una mujer puede ser muy bien manejada ante los elogios y admiración que le preste un hombre: solo el hecho de sentirse deseadas puede producir un revuelo hormonal que provoque el deseo de entregarse a lleno en una relación sexual y colaborar a que esta sea un éxito.

Relaciones prohibidas, atracción fatal y adrenalina:

Pánfila y Teodoro:

"Esto tan emocionante llegó ahora, a mis 40 años. ¡¡Y es que he hecho cosas que ni a mis 20!! Y... después de un feo divorcio, ¡claro! Pero aquí viene lo bueno: ando con un muchacho divino que para empezar es casado. Él me llama cuando anda de parranda y yo me llego hasta donde esté. Lo hemos hecho en un partido de softball, en su camioneta, en una boda en el baño del salón... ¡La adrenalina es cardíaca!

Tiene un negocio de comida. Lo he visitado allí de 6 a 8 pm, antes que llegue el servicio, ¡y ha sido muy emocionante! Sin embargo, también he tenido malas experiencias; por ejemplo, de quererlo hacer en su oficina y que suene su teléfono y es ella. ¡Zas! Todo para abajo ¡y a empezar de nuevo! En otras ocasiones me llama, llego y me encuentro con la puerta abierta, él metido en la cama completamente desnudo, puto frio de diciembre, no me deja meterme a la cama con ropa y no queda otra.

Uno de los buenísimos sexos que he tenido fue venir a las 4:00 am al frente de mi casa, pero como no puede entrar por mis hijos y ese día la calentura pudo más, lo hicimos allí mismo, en su carro. ¡Dimos una fiesta a los vecinos! En verdad el mundo nos importó muy poco. ¡Es fascinante dejarte llevar! Yo sé que no es lo correcto, pero me lo gozo en cada oportunidad que tengo, sin remordimientos ni consecuencias, solo me dejo llevar. Es algo que aprendí de vivirlas y disfrutarlas...

Por cierto, hace poco compré un gel lubricante sabor melocotón. Casualmente me llamó y le dije: "¿Sabes qué tengo en mi mano? Adivina... ¡No es el celular!... Y así comenzó toda una fantasía de sexo mientras él iba para su casa: se súper excitó, y yo terminé de lujo".

Ayer lo llevé a la universidad donde él estudia una maestría, pero como salió tarde de una junta en el trabajo, no tuvimos tiempo para nada: besito y se fue a estudiar. Pero algo pasó, —la calentura de portarse mal— y casi al mismo tiempo nos mandamos el mismo mensajito: "ven". Y yo, muy obedientemente, después de comprarle unos alfajores para su refrigerio, me volví a la universidad. En el intermedio (entre clase y clase), él se salió y me llevó a un salón vacío, y allí lo hicimos... ¡a metros de distancia de sus compañeros! Y es que la adrenalina se apodera de uno... ¡y no lo puedes evitar! Creo que eso te excita más".

Esto trae a colación que muchas veces, esta variedad y adrenalina hacen que perduren las relaciones, debido a que el sexo se mantiene latente y también se mantiene viva la llama del deseo, lo cual crea otro tipo de acercamientos.

Historia de Karen y Harry, su amor de madrugada:

"Bueno, te contaré mi aventura más reciente. En la actualidad tengo un novio oficial, pero antes de él ocurrió algo... Tengo 24 años, pero en aquel entonces tenía 23. Mi hermano tenía un amigo, Harry, que tenía 19 años y vivía a dos cuadras de mi casa –aún vivo con mi padre y él también–. Desde que nos presentaron, la atracción fue evidente. A mí me gustaba mucho, pero él, por ser menor que yo y quizás por ver mi tipo de personalidad, no se animaba a insinuarse: solamente platicábamos y se ponía muy nervioso. Todo empezó como una aparente amistad hasta que un día, decidida y habiendo escuchado decenas de consejos de parte de mis amigas sobre si era bueno o malo iniciar una relación, me armé de valor y lo llamé. Hablamos más abiertamente y le dije que me gustaba. Frente a semejante declaración, Harry quedó sorprendido –tiempo después me confesó que nunca pensó que él podría estar a mi altura–. Así fue como comenzamos una relación a escondidas por muchas razones: él era menor que yo y eso da un poco de vergüenza cuando se tiene esta edad; además, el hecho de que yo fuera madre soltera lo incomodaba. Así que para evitar el sermoneo del mundo decidimos vivir una relación para nosotros... Platicábamos mucho hasta altas horas de la noche, incluso hasta el amanecer. Conforme fueron pasando los días, las conversaciones se tornaron más interesantes, pero a mí se me hacía cada vez más evidente que no quería nada conmigo. Así que, por molestar, le dije que me gustaba un su amigo

Marlon. Y... ¡epa!, fue allí que se puso las pilas y ya no me dejó. Era la víspera de la Navidad del 2009 cuando esto sucedía... En fin, él no pasaba las fiestas de fin de año en Guatemala, sino en su pueblo. Viajaba el 30 de diciembre.

Harry solía ponerse a jugar fútbol frente a mi casa con unos amigos y mi hermano como para lucirse. ¡No podíamos dejar de mirarnos! Llegó el 29 de diciembre, él se iría al día siguiente por lo que esa noche me dijo por MSN que se quería despedir de mí. Ya era muy tarde, como las 11 de la noche, pero él me dijo que no importaba, que necesitaba decirme algo importante y que vendría a mi casa aun con miedo y sabiendo que vivo en apartamento. Sería una misión imposible llegar hasta la puerta y que mis papás no se dieran cuenta. Yo acepté, y aunque la puerta principal tiene más chapas que combinaciones, apenas llegó, le abrí. Lo miré y noté que había venido corriendo desde su casa. Cuando le recibí, no dijo ni pío sino que me besó... me dijo que no era seguro que nos quedáramos en la puerta, así que me empujó suavemente y, como quien lo hubiese planeado con anticipación, me tomó de la mano y subimos las escaleras hasta la terraza de mi casa. Allí volvió a besarme... fue un beso maravilloso bajo la luna. Me dijo que se iba a su pueblo por el Año Nuevo pero que regresaba el 4 de enero y así fue... a su regreso íbamos a hablar. Pero fue ese el detalle que olvidamos en nuestros siguientes encuentros... él seguía viniendo a mi casa en horario no adecuado para una joven decente, pero a nosotros no nos importaba nada: seguimos subiendo a mi terraza y allí tuvimos miles de encuentros íntimos... entre ellos y dependiendo de la ocasión, sexo oral, vaginal y hasta anal –él fue el primero que me lo hizo por atrás–. Descaradamente seguimos desafiando a la noche y al sueño de los vecinos que un día nos escucharon y llamaron a la policía. ¡Qué adrenalina fue imaginarme cómo sacaban a ese hombre de la terraza de mi casa, con tres patrullas en la puerta y los policías corriendo por las escaleras! ¡Me muero! Así que lo metí en mi cuarto como pude y esperamos ahí hasta que todo se calmó. Los vecinos terminaron pensando que fueron gatos los que armaron todo el alboroto –o al menos eso quiero seguir creyendo–. Después nos dimos cuenta que la entrada a mi habitación no estaba tan difícil como creíamos, así que ya no volvimos a la terraza sino que nos quedábamos en mi habitación. ¡Cogíamos como locos! Era un juego excitante, entre frenesí y adrenalina pura. Una vez, ¡casi nos descubre mi mamá! En otra ocasión había visitas que tuvieron que dormir en la sala por falta de espacio. No nos quedó otra que velarles el sueño para que pudiéramos entrar y salir por la sala. Poco después ya ni llegábamos a la habitación sino que nos quedábamos en las escaleras. Fueron muchas veces en las cuales él también tenía que ver cómo salía de su casa ya que, al igual que yo, vivía en apartamento. Aprendimos a velarle el sueño a la gente y a medir los tiempos y sincronizarlos para calcular la hora a la que se despertaban. Fue literalmente un "amor de madrugada".

Hoy todo es diferente. Él tuvo problemas serios y se vio obligado a mudarse. Yo ahora soy novia de una persona maravillosa que no me esconde, que disfruta de mí y me luce ante todo el mundo, alguien que es un caballero y además, es buen amante... pero eso es otra historia... y de aquel chico, Harry... aún me busca por MSN a veces, o llama de madrugada, pero las cosas han cambiado. Jamás podré negar que fue una gran aventura que espero llegar a contarle algún día a mis nietos..."

Historia de María con un argentino:

"Una de mis mejores experiencias fue con un argentino, guapísimo, muy serio. Nos conocimos en un sitio de internet. Estuvimos chateando por 4 meses hasta que una noche llegó a mi casa con una botella de vino tinto y una caja de chocolates. Bebimos y comimos los chocolates, platicamos largo y tendido. Las visitas se repitieron todas las noches durante una semana. Él siempre traía una botella de exquisito vino. A la tercera cita yo le cociné. Seguimos chateando, platicando por teléfono y comenzamos a salir. No me besaba. Pero una noche nos quedamos mirándonos y yo lo besé. Después del beso, salimos unas tres veces más y lo hicimos. ¡Fue increíble! El tipo duraba horas, se sabía todas las poses, y realmente me hacía gozar. Ambos gozábamos. Duramos saliendo dos años, y cada vez era mejor. Con él era algo inusual, le gustaba hacerlo en el balcón de su apartamento, en el carro al salir de algún bar o al llegar a mi casa antes de entrar –con mis hijos adentro, no lo hacíamos allí–. Una vez lo hicimos en una piscina de un hotel, un domingo en la noche donde solo estábamos él y yo (y a lo lejos el barman). Creo que la sensación de que alguien nos podía ver ¡nos excitaba más! Me parece que el conocer a alguien especial, tenerle confianza, sentir amor –o al menos química y bastante cariño– y que haya seducción son los detonantes para una mujer tenga una relación sexual buena. No todas las relaciones sexuales son satisfactorias. Algunas dejan un gran vacío, y más cuando al día siguiente hacen

como que no pasó nada, ya no llaman ni siguen cariñosos pues ya lograron su objetivo. ¡Es horrible! Nos dejan la sensación de haber sido utilizadas.

Es mejor hacerlo cuando se tiene una pareja estable. Hay menos estrés y una mayor entrega.

Esta historia resume todas las anteriores y tiene la peculiaridad de la forma en que se conocieron y avanzaron con las pláticas; a veces la confianza que se ha llegado a tener en otros aspectos, influye en que el encuentro sexual sea más satisfactorio.

"Es que en estos tiempos de Internet, redes sociales, teléfonos celulares y tanta tecnología junta, nos estamos acostumbrando a relacionarnos a la distancia –muchas veces detrás de una pantalla– al punto tal que nos resulta extraño cuando alguien viene a invadir nuestras vidas con su presencia. Pareciera que las relaciones fugaces, efímeras, que duran lo mismo que un suspiro están a la orden del día. "Hoy la paso bien contigo, mañana si te he visto no me acuerdo", para saltar a otra y volver a relacionarnos de la misma manera. ¿Es que se ha acabado el amor? ¡Jamás!, dirán los eternos enamorados del amor y de la vida, pero esta es una realidad que no podemos ignorar".

Como todo en la vida, siempre hay bueno y malo, por lo que ahora me corresponderá hablar acerca de ¡todo lo malo!

4. *LAS PIEDRAS EN LA CAMA*

El sexo y los 50 años

Hago énfasis en esto porque he notado que a esta edad, una gran mayoría presume de adolescente y actúa como senil.

Historia de Melanie con un cincuentón:

He tenido mis malas experiencias con cincuentones —que generalmente solo presumen y al ver una mujer impactante se achican—, y con los cuarentones o los recién divorciados que están traumados —o no se les para o se vienen rapidísimo cuando ni siquiera hemos calentado motores— y como regla general salen disparados a contar que se acostaron con una reputa a la que ellos le hicieron esto y aquello otro, cuando en realidad no lograron ¡nada!, y peor aún, cuando solo fue una cena y se inventan que pasó de ¡todo! Los he oído...

"Los hombres son como los músicos: llegan, tocan y se van. Y además, si no tocan, ¡se inventan la melodía!"

Cuando se han generado expectativas de grandes sementales y a la hora de la verdad muestran lo contrario, es altamente decepcionante para una mujer. Lo cierto es que a ningún hombre le resulta sencillo asumir, y mucho menos hablar de, su problema de impotencia: se sienten avergonzados, culpables, inútiles, viejos –aunque sean cuarentones y todavía estén "pa' darle"–, buenos para nada, poco hombres, afeminados, etc., etc. Así que por lo general, cuando por algún problema –cuya solución es muchas veces más sencilla de lo que creen– él no puede funcionar con una mujer, se siente aterrado –aunque no lo confiese–, y presumirá de ser "el macho de América" ante ella, antes de ir a la acción, o lo hará ante sus amigos, relatándoles una y mil anécdotas de sus aventuras amorosas, que no son más que ¡una vil mentira!

"La antigua teoría era: 'Cásate con un hombre mayor, porque son maduros'. Pero la nueva teoría es: 'Los hombres no maduran; cásate con un hombre joven'".
Rita Rudner

Historia de Rocío con el labioso y mentiroso:

Lo conocí en una red social. Era un tipo alto, maduro y atractivo, cincuentón, divorciado, mentiroso a morir, ¡un enamoradizo! Hasta afortunada me sentía de lo "amoroso e interesado en mí" que se mostraba. Jamás me escribía en el muro de la red social, únicamente por mensaje privado –pues resultó al final que tenía novia y no se podía arriesgar–. Hablábamos por teléfono; nos conocimos y seguimos mandándonos mensajes. A veces dejaba de llamar y era yo quien lo buscaba. Los fines de semana siempre me evitaba, por eso nos veíamos solo entre semana –los fines de semana estaba con la novia–. Llegó el día que me propuso reunirnos en un hotel, era obvio que no me podía llevar a su apartamento porque era ahí donde llevaba a la novia, ¡imbécil! Bueno, a lo que iba: me arreglé para la cita en el hotel, me puse una ropa interior divina, ¡me sentía súper sexy! Nos tomamos unos tragos en el lobby del hotel y por fin me invitó a subir. Me besó apasionadamente... Al rato comenzó la acción, pero ¡el aparato no le funcionaba! Por fin le reaccionó y él buscó afanosamente el preservativo; para cuando lo encontró, ya se le había muerto. Y así pasó tres veces, por lo que acabó con la caja de preservativos pero ¡nada de nada! Desanimada, me puse de nuevo la ropa interior, lo abracé y le dije que no importaba. Nos quedamos acurrucados más de una hora ya que me dijo que estaba "nervioso" –¡Ja!, seguro pensaba en la novia. A la hora me vestí y me fui. Se me quitó el embrujo y no quedé con ganas de volver a salir con él ni con nadie que tuviera novia –ahora pregunto antes–. Como que es común esto... Es cierto lo que dice el dicho: "Perro que ladra, ¡no muerde!". Todavía me llama, sigue con la novia, pero yo perdí el interés.

Moraleja: en situaciones de estrés, es preferible no llegar a nada, a caer en un gran ridículo y ser el ejemplo de lo que no se debe hacer. La falta de erección independientemente del bochorno que un hombre pueda sentir, causa en la mujer una gran desesperación y ansiedad por no saber qué hacer para que la cosa funcione. Y aquí el tema es que el problema no eres tú, es él. Hay mujeres benevolentes que dicen no importarles, sin embargo hay otras que hacen lo siguiente:

Era un cuarentón piloto de TACA. No había modo de que se le pusiera firme... ¡Qué gracioso...! Le recomendé una pastillita azul. En verdad una puede ser muy buena y dejarlo pasar, pero en realidad a nadie le gusta quedarse con las ganas, ¿o sí? No vamos a la cama con un hombre para vestir santos ni para quedar pagando...

Historia del amigo de la mamá y de la hija:

Hasta que un día conocí a un hombre que era amigo de mi mamá –por fortuna ella nunca se enteró–. Era muy bien parecido, alto, de ojos claros, pero también ¡un pícaro de aquellos! Iba al gimnasio, tenía 41 años y claro, su experiencia era obvia. Él me enseñó realmente todo lo que lleva una excelente relación sexual, poses –y no solo dos tiempos sino hasta cuatro–. Si tomaba Viagra no sé, pero ¡ese sí que era un verdadero macho!

Yo ya me estaba involucrando, hasta que un día recibí una llamada que no quise contestar –porque me dio una mala espina– y le dije a mi amiga que por favor llamara, y ella lo hizo haciéndose pasar por mí. Resulta que era la novia de este viejo calentón al que le dicen Luis Samayoa. Acababa de tener un hijo con ella y desde hacía unos días ya no las buscaba ni a ella ni a su niña. ¡Qué horror! Inmediatamente dejé a este tipo, por grandísimo sinvergüenza. En fin, me quedé sola pero ahora todas esas experiencias valen la pena y son solo chistosos recuerdos.

Inseguridad, pecado capital:

Contemporáneo y guapísimo el hombre, pero cero seguridad en sí mismo. A cada rato preguntaba: "¿Y qué tal, cómo voy? Espero no haberte defraudado..." ¡Qué estrés! Aunque el hombre esté muy bien, y físicamente parezca tener todas las cualidades para volvernos locas, aunque ostente tener un miembro bien significativo –del cual se jactan la mayor parte del tiempo, ¡todos sin excepción!–, no siempre resulta ser el mejor al momento de hacernos el amor. Muchos de ellos se sienten inseguros, y tú en lugar de relajarte y disfrutar, tienes que mentirle: "¡Qué bien lo estás haciendo, papito...!" para no quedarte pagando. El hombre inseguro te apabullará a preguntas con tal de saber si está satisfaciéndote o no –que es lo único que a la mayoría de los tipos les importa–, y buscará la aprobación que le permitirá llevar a buen término ese momento que tú suponías sería de gran placer.

"La fragilidad del mecanismo es tal que ante mínimos fracasos la 'pantalla' se quiebra y queda al descubierto la inseguridad encubierta. Tanta muestra corpórea 'para afuera' merecería un contrapeso, un anclaje interno, que, en caso de existir, 'sanaría' la conducta". *Walter Ghedin*

Marta y su novio inseguro:

Tenía un novio que se las daba de muy macho, muy experimentado; teníamos unos 22 años y un día me junté con un amigo para tomar una copa. De repente las copas pasaron a más y terminamos pegándonos una calentada inconfesable.

Pero le dije que no, y me fui con mi novio con quien habíamos quedado de juntarnos. Las hormonas estaban a mil, así que terminé en la cama con él. Sin embargo, por lo anterior, terminé en cuestión de segundos, y él, queriéndome humillar me dijo: "¿Ves?, ni dos rounds aguantas tú". No le quise decir nada, pero él terminó el trabajo que el otro le había adelantado, pues él nunca lograba esa reacción en mí. A las dos semanas terminó la relación, y cuando me quiso humillar de nuevo en frente de nuestros amigos, le respondí: "Ni cuenta te diste que otro te había adelantado el camino". ¡Al instante todos explotaron en estrepitosas carcajadas! Nunca más volví a saber de él.

"No están a la altura de lo que prometen. 'Mucho ruido, pocas nueces', 'me prometió un manjar y me hizo comer migajas', dirán las damas decepcionadas".
Walter Ghedin

Los que no saben calentar:

Como canta Luis Miguel: "NO HAY QUE LLEGAR PRIMERO, SINO HAY QUE SABER LLEGAR". ¡Cuánta verdad hay en todo esto! Hay hombres que solo quieren ir al grano, sin ningún juego previo. Nada de besos cariñosos, de mensajes insinuantes, de una buena peli juntos, de un sensual masaje relajante... todo es "ahora y rapidito". Nos privan de los maravillosos resultados que producen las preliminares. Quizás pasamos horas eligiendo la mejor lencería, pero todo es en vano. Esta clase de hombres no se dará cuenta de nada bello que puedas usar, porque lo único válido es su deseo, su necesidad y su urgencia. Sin embargo, un hombre experimentado, que conoce la importancia de un buen precalentamiento, hará todo lo necesario para que cada encuentro sexual sea satisfactorio e ¡inolvidable!

Historia de Pablo y Susana:

La peor experiencia fue con mi segundo novio. Él quería ir al grano saltándose las preliminares; yo lo detenía, le decía que así no, que me gustaba de tal y cual forma, y le daba todas las indicaciones del caso... ¡pero nada! El muy cabezón no entendía. El colmo de los colmos fue el día que con todas las letras me acusó de frígida, eso fue la gota que rebalsó el vaso y uno de los motivos por el que terminamos. Siempre doy gracias por el día que rompí con él porque mi vida es mucho mejor ahora.

IMPOTENCIAS Y FALLAS

Eyaculación precoz

Él ya acabó y tú recién estás comenzando... ¿Te resulta conocido? Por cierto, si no es a ti, seguro a alguna de tus amigas le ha ocurrido esto. Es mucho más común de lo que creemos. Ellos ya están listos para darse la vuelta hacia el otro lado y dormir, y tú piensas: "¿Pero cuándo es que llegó y yo no me di cuenta?, ¿cómo pasó todo tan rápido?, ¿dónde estaba yo que algo me perdí en todo esto?" Así es, muchachas, esto sucede, y más a menudo de lo que nos gustaría...

"El final llega cuando tú recién estás arrancando. ¡No te preocupes!, a muchas mujeres les pasa". Dr. Daniel Ciuciulete

Historia de Telma y Vinicio:

Soy una mujer de 50 años vuelta a casar hace dos y te comparto mi historia frustrante. Después de mi divorcio me enamoré del hombre ideal; tuvimos el primer acercamiento y después de escaparnos como adolescentes pasó de todo, menos penetración. Me dijo que esperaba el momento adecuado y que yo tenía que estar lista para vivirlo como debía ser: con tiempo, en el lugar adecuado, etc. etc. Ese día, debo decirlo, me dejó más que caliente. A la semana nos encontramos para nuestra cita. Fue hermoso el detalle del regalo antes de llegar a la intimidad, la comida, todo... Finalmente llegamos al momento cumbre: me quitó lentamente la ropa... se puso sobre mí... sentí que me penetraba y... ¡zas! ¡Terminó en ese mismo instante! Me quedé helada. Lo miré a los ojos y me dijo: "Discúlpame, era demasiada la ansiedad".

Historia de Lulú y Vicente:

Déjame decirte que la peor experiencia que tuve fue con un tipo 9 años mayor. Recuerdo que me empezó a besar, según él, apasionadamente, pero no me gustó porque lejos de entusiasmarme, no podía dejar de pensar en lo mucho que me estaba babeando toda la cara. Después me empezó a tocar por todas partes, ¡menos mal que según él tenía experiencia! Me apretaba los pechos como que si fueran naranjas para exprimir y cuando llegamos allá abajo... ¡Por favor!, ¡no sabía lo que tenía que hacer el pobrecito! Creo que para tocarte allí deben saber lo que hacen, pero él me presionaba tan fuerte que hacía que me alejara... Y así llegó la hora de que me penetrara... ¡Si digo que duró dos minutos, creo que estoy exagerando!

Historia de Abigail y Tito:

Bueno, a mí me pasó que yo lo veía normal porque fue el primer novio con el que tuve una vida sexual activa. Varias chicas que yo conocía anduvieron con él y aparentaba ser un tipo experimentado. Él no era para nada atractivo físicamente, era de baja estatura, pero tenía una labia ¡qué quien le ganaba!

Pues la cosa es que yo era inocente en ese entonces y lo que él hacía era calentarme primero besándome en mis otros labios y, cuando sabía que yo había terminado, él me metía su "cosita" y terminaba. Pero solo lo hacía unas tres veces y ya acababa. Y la verdad que para seguirla, ¡mi hombrecito ya estaba muerto! Y no sé si hizo eso con esas chicas también, que ahora que lo pienso me da asco, pero yo tenía la idea de que el sexo era así: una, dos veces que penetrara y ya está. Además, no siempre lo hacía de esa manera, a veces cuando estaba muy caliente, solo penetraba una vez y nada más... y de mí ¡ni noticias!

Una vez yo me puse a llorar porque empecé a darme cuenta de que la atracción que tenía hacia él, no era realmente atracción sino que me alegraba el día con sus payasadas y su labia. Pero realmente la parte sexual con él no me llenaba, y eso es muy importante en toda relación.

La historia de esta debutante confirma el consejo anterior de no descuidar a las mujeres en su primera vez.

EL TAMAÑO IMPORTA

¡Qué cuestión la del tamaño! Que grande es más satisfactorio, que pequeño no sirve, que mejor es superdotado... No me van a negar que es un tema del que solemos hablar las mujeres, entre amigas sobre todo. Y si para nosotras el tamaño del pene es un tema de conversación, para el sexo opuesto es un tema de gran preocupación. A tal punto esto es así, que a veces se convierte en una obsesión y es motivo de bromas entre compañeros de oficinas y amigotes. Tanto a hombres como a mujeres nos han criado con la creencia de que un miembro grande y prominente es símbolo de virilidad, y que este te asegurará un orgasmo incomparable, un gozo indescriptible. Ahora bien, ¿esto es un mito o una realidad? Aunque muchas mujeres pretendan hacerse las buenitas y digan que el tamaño no importa, sabemos que no es tan así, a menos que este hombre sea un excelente trabajador y su exploración, su habilidad y su estimulación sean tan maravillosas que al momento de alcanzar el orgasmo nos haga olvidar de todo... ¡incluido el tamaño!

Historia de Isabela y Marvin:

¡Uy! ¡Esto sí que jamás lo olvido...! Y si yo no lo olvido, ¡él, menos! Tanto estarme insistiendo y seduciendo hasta que en

una fiesta me decidí y me fui con él a su apartamento. Él me desnudó solo a mí; yo moría por verlo ya que a simple vista tenía un cuerpazo musculoso, ojos verdes, una risa encantadora y yo sabía que al acostarme con él ya no iba a andar más persiguiéndome. ¡Cómo son los hombres! Pues ya que me tenía desnuda, me besó completa y fue muy complaciente. Luego, empezó a desnudarse él. Y de pronto, cuando vi su pene, ¡me morí de la risa! ¡Era más pequeño que mi dedo meñique! ¡Increíble!... Él se molestó, pero yo no podía dejar de reír. ¡Ni metérmela pudo, si no tenía nada que entrara!... ¡Y yo estaba de lo más divertida! Al otro día, se lo conté a mi mejor amiga. Le dije: "¡Ese hombre tiene un pene de bebé!". Nos reímos de lo lindo. Y todavía lo hacemos cuando lo vemos con una chica. Él pasa muy orondo, hecho todo un Don Juan, pero cuando me ve, ¡baja la mirada!

Historia de Mónica y Alexander:

Lo tenía pequeño pero él lo sabía bien y no se acomplejaba, así que te hacía una y mil cosas, desde masajes con aceites aromáticos hasta bailes exóticos, y te hacía acabar como unas cinco veces de todas las formas posibles. Recién entonces concluía él el asunto. Era mi esclavo sexual. La verdad es que me divertí tanto con él que al final, y luego de la experiencia con el anterior, un enano de mierda, descubrí que no es el tamaño sino la técnica lo que hace la diferencia. Podría decir que para mí no es importante el tamaño porque si es gigante sientes que te están barrenando o que estás por parir, y ya no se disfruta tanto la cosa. Pero si es un gigante con corazón de chocolate, cabalgas desde el ocaso hasta el amanecer... ¡Glorioso!

Historia de Melanie y Guayo:

Hola Vivian, te comparto una experiencia que tuve. Bueno, estaba en el segundo año de la universidad y claro tenía un grupo de supuestas amigas (ya sabes de las que dicen ser tus amigas y cuando se juntan en el baño, te critican); todas ellas ya tenían experiencia en relaciones sexuales con sus novios y demás, y claro está que uno a esa edad anda jorobando y no quiere compromisos. Bueno, yo me sentía un poco rara porque todavía era virgen. Tenía en ese entonces un novio de pueblo, me hice novia de él por su cuerpazo de gimnasio y porque era buena onda, así... todo rockero, bonito. Realmente todavía no lo quería, ya que llevábamos algunos meses de novios. Pero bueno, aun así me dije voy a visitarlo a su pueblo. Ya estando ahí, fui a reservar una habitación al hotel y después nos reunimos. Fuimos a comer pizza y lo invité al hotel... Ahí empezaron los abrazos, los besos y después ya sabes... se puso más caliente la cosa. Y bueno, se dio lo que tenía que pasar. Yo ya estaba caliente y dentro de mí pensaba: "Si tiene ese cuerpazo, ya me imagino...", tú sabes. Cuando empezamos a tener relaciones no sentía nada. "¿Qué está pasando?", me pregunté. Entonces bajé y empecé a tocarlo pero cuando llegué a su miembro, ¡ay Dios mío! ¡Tenía un mini pene! ¡No te miento!... Era algo como un meñique delgadito. ¡Qué decepción! ¡Y aquel dándosela de "Latin lover"! ¡Te juro que simplemente no lo sentí! No hubo conexión de ambos cuerpos y como que al ver ese tamañito, de lo caliente que estaba, reaccioné y se me fueron las ganas. Le dije: "Mejor ya no..." y él me preguntó: "¿Qué pasa?" "Es que no pasa nada, no siento nada", respondí. ¡Fue para morirse de la risa! Por suerte, esa ha sido la única mala experiencia sexual que he tenido. De balde el gran cuerpo que tenía porque a la hora de las horas, ni sabía lo que hacía, y yo no sentía nada... igual, ¡he tenido unas experiencias que para qué te cuento!

UNA DE CAL Y UNA DE ARENA (haciendo cagadas):

Historia de Marla y Raúl:

Recuerdo que fuimos a su apartamento. Yo iba súper sexy con un vestido negro entallado, unos zapatos negros de plataforma, un escote generoso. Estaba irresistible, o al menos eso pensaba yo. Solo nos tomamos un par de tragos y después nos entregamos, prácticamente nos lanzamos mutuamente. Imagina ese cuerpo musculoso, varonil todo para mí... ¡en un segundo logré ponerlo firme! ¿Y qué crees? ¡El tipo eyaculó en tres segundos! Nunca me había tocado vivir algo así, me sentí mal, apenada y frustrada, pero déjame que te termine de contar. El tipo se moría, literalmente no me dio tiempo de hacer nada. Comenzó a besarme y acariciarme de una forma tan infernal que volvió a excitarme casi de inmediato, y ¿sabes?, ¡nunca lo habría imaginado!: comenzó a hacerme sexo oral de una forma tan magistral que casi me hizo olvidar el bochorno: lamía muy despacito desde afuera para adentro, ponía la punta de su lengua en mis labios vaginales, mientras sus manotas fuertes y varoniles apretaban mis pechos; luego comenzaba a lamer el clítoris muy despacito, lo mordía y le daba chupaditas. Fue raro porque me dio una de cal y otra de arena pero sí logró sacarme un orgasmo, aunque no como yo hubiera pensado. ¡Imagínate! Pero tampoco podía estar muy enojada con él porque igual me dio placer, además, reconozco que tuvo el suficiente coraje para intentar componer el desastre. Pues, puedes hacer un capítulo que se titule: "Cómo los hombres la cagan... y cómo arreglan su cagada".

EL SEXO Y EL AMOR

La constancia sexual es muy importante al inicio de toda relación para que una mujer comience a involucrarse y no baje la guardia. De lo contrario, el encanto de la conquista puede desaparecer al carecer de adrenalina y emoción. En reiteradas ocasiones me he preguntado si en nosotras el sexo influye para enamorarnos y lograr salir de una relación que sabemos que no tendrá un final feliz. A lo largo de mi vida he analizado la situación sexual de mujeres involucradas, enamoradas y que con dificultad salen de una relación tormentosa, y casualmente todas han coincidido en tener muy buen sexo. Cuando me refiero a sexo, no hablo necesariamente de la penetración, sino de todo el juego de caricias, incluyendo los besos que pueden llegar a ser inolvidables en una relación. ¿Cómo poder olvidar y decidir dejar atrás a aquel hombre que te despertó y, como canta Ricardo Arjona: "Te hizo ver las estrellas"? ¿Cómo dejar de ver a ese hombre que sabe encontrar el punto exacto donde explotas como loca, aquel que te conoce desde el pelo hasta la punta de los pies?

En el caso de hombres con quienes no se tiene sexo magistral pero son sencillamente espectaculares en otros aspectos, la admiración por esto puede llegar a tanto por parte de la mujer que tal vez no importe demasiado que el sexo no sea "para alquilar balcones". Pero, ¿qué pasa cuando los hombres no cuentan con todos esos admirables atributos? Estos son los que se tienen que rifar el físico en las artes de la cama, para que quizá cuenten con suerte y las mujeres puedan llegar a enloquecer por ellos sin importar si son lindos o feos, ricos o pobres.

Este es el caso de muchos feos con suerte que son unas lumbreras en la cama y, sobre todo, son caballeros en cuanto a discreción y trato con la dama. El problema viene cuando estos hombres, que son tan buenos en la cama, resultan ser unos patanes, además de feos y pobres: el encanto les dura hasta que llega uno igual, pero educado y detallista. Cabe mencionar que muchas veces las mujeres soportamos a los malos por el tema sexual, ya que después de las peleas y los malos ratos, recibimos una reconciliación sexual impresionante, la cual puede crear una codependencia mutua.

Concluyendo con el tema del sexo y su influencia en el comportamiento de una mujer, este debe ser demasiado bueno si se carece de muchas otras cualidades. De lo contrario, puede ser no tan bueno, siempre y cuando el hombre sea espectacular en todo lo demás; hago la aclaración "no tan bueno", refiriéndome no necesariamente a que exista alguna impotencia –en el caso de que esto exista–, porque son muy pocas las mujeres que lo tolerarían a pesar de que sean excelentes en otros aspectos, por lo que tendrían que buscar a una mujer más fría, que no esté interesada tanto en el tema sexual.

HOMBRES, DEJEN SU EGO DE LADO Y APRENDAN A IDENTIFICAR CUÁNDO COMPLACEN SEXUALMENTE A UNA MUJER

5. EL HOMBRE, SU MERCADEO Y SU GRUPO OBJETIVO

"Que si tengo suerte, que si no la tengo, que qué difícil es enganchar a alguien, ¿por qué a ella sí y a mí no?, ¿qué tiene esa que yo no tenga?..."

Seguramente han escuchado alguna de estas frases o, lo que es peor, se han encontrado repitiéndolas ustedes mismas. Si es así... ¡bienvenidas al club!

Todo el mundo sabe que el vividor quiere una rica; el viejo, una joven –y si es bella, ¡mejor!–; el feo, una linda y así sucesivamente. Es la historia de nunca acabar y, ¿saben quiénes logran conseguirlas? ¡Casi nadie! Y cuando logran la mujer que tanto soñaban o anhelaban, resulta que no la aprecian o terminan por dejarla para ir en busca de una nueva conquista, hasta hacerse la fama de "perdedores" o "inestables", el equivalente a la fama de "puta" en una mujer. ¿Por qué suele pasar esto tan seguido, se preguntarán? Resulta que esto sucede debido a algo tan sencillo como el hecho de ser hombres que no están ubicados y no tienen los pies sobre la tierra.

Como en toda buena estrategia de mercadeo, debemos conocer lo mejor posible lo que ofrecemos y saber a qué público nos dirigimos. Es cierto que "querer es poder" y que "siempre se puede lograr lo que se desea", pero antes debemos reconocer a la pareja perfecta que corresponde a lo que ofrecemos. De lo contrario, es necesario buscar otro tipo de estrategias que nos ayuden a alcanzar nuestro objetivo.

Basta con buscar en el internet "pareja perfecta" para que aparezcan cientos de sitios que prometen un test supuestamente asertivo para determinar qué tipo de hombre nos corresponde según nuestra edad, peso, altura, color de cabello, música favorita, signo zodiacal, nivel de estudios, cantidad de cigarros que fumas o copas de vino que bebes al día, etc., etc., para entender que este tema de encontrar a la persona que nos corresponde según determinadas características de nuestra personalidad, en su mayoría absurdos, no es algo sencillo. Así es como nos encontramos ante "la polémica de las polémicas", la que hace que hombres y mujeres estén eternamente en disputa. Pero déjenme decirles que si todos tuviéramos dos dedos de frente y supiéramos en verdad qué es lo que nos corresponde en base a lo que damos, viviríamos todos en paz y nadie se ganaría odios gratuitamente. Es por ese motivo que decidí ponerme a armar mi propia versión de los "cruces perfectos entre hombres y mujeres"; es decir, la mejor horma para cada zapato, para que tengamos una idea de con qué tipo de mujer es realmente compatible el tan amado –y odiado– sexo masculino. Aquí van los resultados de mi ardua tarea:

El caballero y la mujer sencillamente espectacular

Por lo general, se trata del hombre exitoso en todo el sentido de la palabra. Es el que se ha ganado el respeto de todo el mundo por su inteligencia, su cultura, su educación, sus maneras y sus principios. Este tipo de hombre no necesariamente es guapo o rico, es simplemente un admirable caballero... ¡sin armadura por supuesto! Es el hombre encantador que sabe escuchar a todas las "urracas parlanchinas", entiéndase mujeres, que abundan por todo el planeta tierra. Es el hombre que, aunque cuente con un miembro masculino pequeño, se esmera por ser un premio Nobel en la cama, y no corre a contárselo a sus amigotes al día siguiente, sino que sabe ser discreto y no alardear de las mujeres con que estuvo. Sabe hablar desde cómo se fabrica un lápiz labial hasta de política, conociendo al dedillo el orden de importancia que estos temas tienen para la mayoría de las mujeres. Es el hombre que se pone de pie de inmediato ante la presencia femenina, sin importar que ésta sea poco agraciada. Seguramente estés pensando, "pero un hombre así... ¿de verdad existe?" ¡Claro que sí! Estos hombres cuasi perfectos no solo saben cómo tratar a las damas, también las comprenden, las escuchan, las respetan y además, aun sin que ellas lo perciban, intentan seducirlas todo el tiempo. Un poco como el adorable personaje interpretado por Mel Gibson en la película "Lo que ellas quieren". ¡Ah! ¿Se acuerdan de esa sonrisa irresistible? Pues así es esta clase de hombre: puede llegar a convencer a la mujer que quiera, la mayoría de las veces, por el encanto que derrocha. Y para lograrlo, va a usar todas las armas de seducción que tenga a su alcance: su sonrisa, su voz, su mirada, el romanticismo, flores, sorprendernos "cuando menos lo esperamos", y todo aquello que sabe que a nosotras nos hace derretir: un regalo sorpresa "sin motivo", un mensajito de texto al otro día de haber pasado una noche increíble, un halago, un detalle que nos hace pensar que estamos constantemente presentes en la mente de ese hombre.

Por lo general, toda mujer bella, buena e inteligente, se ha cruzado alguna vez en su vida con los fóbicos al compromiso. Uf... ¿quién no se ha encontrado alguna vez con uno? Esos tipos que exigen todo de ti: que los escuches, que los comprendas, que les dediques tiempo, que los acompañes, que los ayudes con dinero, que los trates con dulzura, que les cocines rico todas las noches –¡con postre incluido!–, pero a cambio de nada o casi nada. Son esos que te dicen: "¿Que quieres que nos veamos? Sí, bueno, veo si mañana tengo algo de tiempo para verte". Estos especímenes nunca olvidan hacerte conocer el reglamento al que deberá ajustarse la relación: debes aceptar los escasos "permitidos" que tienes derecho a gozar y el largo listado de "no permitidos", como si siguieras una estricta dieta. Para ellos es: nada de recriminaciones, nada de hijos, nada de reuniones familiares o presentaciones sociales, nada de persecuciones telefónicas ni mensajes de texto –Twitter o Facebook–. Nos vemos solo cuando tenemos ganas y con el invariable objetivo de tener algo de sexo. La mayor parte de las veces el plan incluye una rápida cena –en el mejor de los casos– en un restaurant cercano al infaltable motel al que querrá correr apenas tragues tu último bocado. Estos hombres son los que unilateralmente dan por terminada la velada y preguntan, "¿Te pido un taxi?", o te van despachando haciéndose los preocupados porque mañana te tienes que levantar temprano: "¿Ya es hora de que regreses a tu casa, no?". Olvídate de sugerir algo distinto, para cuando pudiste reaccionar, ya estás sentada en el taxi rumbo a tu casa; sola, por supuesto.

"Lo que teme un hombre cuando piensa en el matrimonio no es atarse a una mujer, si no separarse de todas las demás". *Ellen Rowland*

La bella, buena e inteligente también suele tropezarse con esos hombres bestias e inseguros de sí mismos. En este caso, siente una enorme diferencia en cuanto al buen trato que un caballero le brinda. Un caballero la hace sentir única, admirada y cuidada, todo lo contrario a lo que hicieron los anteriores ejemplos de hombres, que trataron de opacarla. En cuanto al dinero, como es una mujer autosuficiente, sabe lo que cuesta ganarlo y no tiene interés en alguien que solo le sirva para que la mantenga con todos los lujos por el resto de su vida. Pero es una mujer de gusto exquisito que prefiere estar sola antes que con un "fanfarrón común" de mal gusto, a quien no soportaría jamás. Así que el caballero no necesita tener tanto dinero para ser bien aceptado por la sociedad; el hecho de ser ilustre, lo lleva a tener estatus y roce social, algo que puede llevarlo a estar con una mujer millonaria y culta que lo acepte perfectamente bien solo en base a su cultura y buen gusto, sin fijarse en su cuenta bancaria.

En el caso de esta mujer fuera de serie, es inteligente, culta, profesional, por eso disfruta tanto de las conversaciones con un hombre educado. Tiene buenos modales, que realzan su feminidad, y le encanta estar con hombres que también los demuestren en sus gestos, palabras y hechos –los caballeros se especializan en esto–. Comúnmente, la mujer que se destaca de esta forma tiene habilidades artísticas y deportivas, razón por la cual lo polifacético del caballero hace que ellas se sientan cómodas con sus gustos, aun cuando ellos no los compartan.

En cuanto al aspecto físico, solo el caso de que el señor en cuestión sea realmente demasiado feo o defectuoso, puede afectar las cualidades anteriores. De lo contrario, una mujer madura e inteligente sabe apreciar las demás cualidades por encima de la apariencia. Sin embargo, para este tipo de mujeres lo que sí puede afectar la relación más que el físico propiamente dicho, es la falta de arreglo personal y el mal gusto para vestir. ¿No es verdad que a la mayoría de nosotras nos encanta y nos seduce un hombre prolijamente rasurado, que use un buen perfume, que combine bien los colores de su camisa con los pantalones, y que no olvide que los zapatos y el cinturón tienen que hacer juego? Por el contario, alguien que no cuida ni se esmera en su arreglo personal, puede resultar de lo más desalentador a la hora del amor. Y hablando de motivaciones, no podemos obviar el tema del sexo. En cuanto a este asunto, podemos decir que llegado el caso de que el sexo entre la bella y su caballero fuera algo "estándar", sin pimienta o aburrido, la inteligencia, la educación y el potencial de ambos puede conducirlos a una buena comunicación que los lleve a mejorar su desenvolvimiento en esta área. ¡Así que tranquilas, muchachas! Este tipo de hombre tal vez no pueda escapar de la tentación de ser un mujeriego, pero su nivel de educación le permitirá tener tacto y sentido común. Esto hará que no necesite hacer uso de la mentira, el descaro y el cinismo, actitudes que aborrece cualquier mujer y que suelen ser tan comunes en los estilos de hombre que vamos a mencionar a continuación.

El vividor y la desahuciada dispuesta a mantenerlo

Aquí no me refiero necesariamente solo a la millonaria que puede mantener al hombre, sino a aquella mujer capaz de pagarle "una dama de compañía" a un sujeto apuesto con su fortuna o su entera disposición a quedar endeudada con las tarjetas de crédito. El perfil de esta mujer puede incluso ser el de alguien con antecedentes psiquiátricos graves, el de la alcohólica empedernida, la que se siente muy fea, o la que casi dobla la edad de su compañero, donde ella parece su mamá y él su hijito predilecto. La ventaja que el hombre tiene con estas mujeres es que están dispuestas a pagarle todos sus gustos. Es posible, incluso, que estén conscientes de que él anda con otras mujeres, pero como en el fondo no les importa, no lo celan ni lo controlan. Se conforman únicamente con su servicio de mantenimiento sexual y no exigen nada más, al mejor estilo Samantha en la popular serie de televisión "Sex and the City". Otra de las ventajas que presenta este tipo de mujer para el hombre, es que él no sufre por amor. Como a él no le gusta ella, es muy difícil que se involucre sentimentalmente y por eso, tiene la seguridad de que no lo va a engañar fácilmente; pero, si ella llegara a engañarlo, tampoco es el fin del mundo. No hay aquí ningún tipo de apego emocional enfermizo.

Mientras que los hombres guapos y pobres suelen ser honrados, aquellos que prefieren a una mujer que sí les guste, sin importar si es pobre o rica, necesitan tener una cualidad agregada, ser buenos amantes. La carencia de esta virtud suele desembocar en engaños, ya que es posible que la mujer prefiera a otro por no sentirse satisfecha sexualmente, o bien decida irse a los brazos de uno que pueda brindarle esos lujos que solo el dinero puede comprar. Y creo que no hace falta explicar mucho más, está visto que hoy en día ¡hay una enorme cantidad de mujeres interesadas solamente en lo económico!

El aspirante a rico y la ricachona

Este es el típico hombre vanidoso que quiere todo lo bueno y fino que pueda conseguir cayendo en gracia en una familia con dinero. Es el "quiero ser", aspirante a rico que necesita tener roce social y presumir con lo ajeno para sentirse bien. Resulta que en su deseo de tener —a veces totalmente inconsciente— ha tenido más de un negocio, ha estudiado mil carreras, ha intentado trabajar; pero si lo miramos un poco más de cerca, vemos que en nada le ha ido bien. Ya sea por infeliz, por torpe o porque se gastó completo el primer sueldo que ganó en una tarde, creyendo que con un par de accesorios lograría su cometido de aparentar ser rico. La única manera que conoce de avanzar en la vida es, cual perrito fiel, lamerle los pies a una novia ricachona, a sus suegros y al resto de la parentela. Es el típico hombre que siempre busca complacer para lograr aprobación y favores, aquel al que se lo escucha decir con frecuencia: "Sí, querida… sí, mi amor… ¡como tú digas!". Este hombre, cuando encuentra una familia así, que por cierto es su única posibilidad para salir de su realidad de "muerto de hambre", debe saber que tendrá que convertirse en el sirviente de todo el clan y consentir a la nena. Será el chofer que llevará de compras al centro comercial a la caprichosa hermana menor, o a un elegante té de beneficencia a la suegra. Sin lugar a dudas, también será el encargado de cargar –siempre con una sonrisa voluntariosa– los palos de golf de su suegro. ¡Y todo eso con el único fin de pertenecer a ese mundo!

Pero ¡cuidado!, si se le ocurre ser infiel, necesita saber que el cajón no está tan lejos... Así es que todo infeliz que tenga el deseo de trascender en cuanto a poder y dinero, tiene dos opciones: la nena rica que por alguna razón no tuvo otras oportunidades, o convertirse en mafioso. En el caso de algunos otros que conozco son capaces hasta de acostarse con homosexuales adinerados, por pura ambición.

El guapo impotente y la modelito inocente

Estos abundan. Es el típico modelito perseguido por todas las mujeres, feas, bonitas, pobres y ricas. Es por lo general inestable e inseguro, por eso cambia de pareja a cada rato y la verdad es que ninguna lo aguanta, por más guapo que sea. Todo el mundo se pregunta: "¿Qué tendrá?, es tan lindo..." La respuesta es sencilla: impotencia. Esto no quiere decir que solo la impotencia pueda hacer que las mujeres se decepcionen de estos guapos, también influyen otros factores como no tener dinero y ser mujeriego, entre otros. La mujer ideal para este hombre es cualquier modelito, al igual que él, linda y que atraiga todas las miradas, pero que sea un poco fría y no le interese tanto el sexo como otro tipo de atenciones. Para ella, todo se resume en un constante juego histérico: "Te quiero, pero no me toques", "te amo, pero no te deseo". Se pasan la vida de aquí para allá, participando de reuniones sociales, inauguraciones, fiestas; pero cuando hay que concretar e ir a los papeles, no pasa nada, retroceden y ¡ni siquiera se dirigen la palabra! Esta clase de vida hace que este hombre tenga que esforzarse por ser caballeroso, atento y trabajar duro para tener dinero. De lo contrario, muy triste es su caso...

"Creo que en todo rincón del planeta y en todas las épocas, los hombres han acusado a las mujeres de 'histéricas', de no saber lo que realmente queremos, de ser cambiantes, de no poder decidirnos con facilidad (por eso no suelen acompañarnos al centro comercial), de hoy querer una cosa y mañana otra, etc. Pero en los tiempos que vivimos esa actitud dejó de ser una 'exclusividad femenina'. Sí señores, ellos también pueden ser histéricos... ¡y cómo! Dios nos guarde de una pareja de histéricos, jamás podrían mantener una decisión y lo que es peor nunca lograrían llevarse bien".

El ogro, el pasmado y la cristiana

Para este tipo de carácter, la mujer "idónea" es la cristiana, ya que es la única que tiene la paciencia suficiente para comprenderlos. Ella es súper-archi-mega-tolerante, evita pelear a toda costa y deja todo en las manos de Dios. "Si Dios quiere, él pronto va a cambiar...", "Dios dirá qué es lo que va a pasar entre nosotros dos". Hombres cómo estos nunca deberían fijarse en mujeres de personalidad fuerte. En el caso de los primeros, los ogros, con una mujer de personalidad enérgica, se terminarían matando el uno al otro; y los segundos, los pasmados, es a ellos a quienes ellas terminarían matando por idiotas. Ahora, pedirles que cambien es un grave error, ya que las personalidades se traen y, como cantaba Lennon, "Déjalo ser", al fin y al cabo lo que nos hace felices a cada uno es que nos permitan ser como somos. Así que el consejo para ellos es "mejor buscarse a la santa", para beatificarla el día de su muerte... ¡por haberlos aguantado!

El tacaño y la agarrada

¡Vaya pareja perfecta! Estos dos mueren juntos, porque son los que no comen ni una fruta para no tirar la cáscara. Ellos nunca pelean por problemas económicos. La mujer es feliz aunque lleve el mismo vestido a todas las celebraciones, y si no es feliz, ¡se aguanta! Y el hombre, aunque ya no le guste verla siempre igual, le dice que está bellísima... con tal de no darle dinero para comprarse un vestido nuevo. Este tipo de hombre es una cruz dura de llevar para la mujer coqueta que le gusta andar a la moda o para la que pretende tener una vida social activa – salir a comer, ir a bailar, al cine, al teatro, viajar–, porque casi siempre, a la que le gusta salir, le gusta andar arreglada. Al hombre tacaño no le es fácil tener amantes, ya que estas en compensación por tenerlos sin compromiso y a escondidas, suelen pedir cosas que solo el dinero puede comprar. Así que papitos, sigan siendo tacaños y confórmense con su agarradita.

La dama y el vagabundo

¿Quién no ha visto este maravilloso clásico de Disney? Pero, lejos de ser una ficción, es un clásico que vemos con bastante frecuencia en la vida real. Y el hecho de que un vil perro callejero con apariencia de coyote como el mío, comúnmente conocido como "el Fichu", sobresalga sobre todas las finas perritas falderas, tiene su razón de ser. Lo mismo pasa con los hombres vagabundos ante las damas. Resulta que ellas son damas no siempre en todos los lugares, en la cama por ejemplo, podemos ser unas grandes putas y es precisamente es aquí donde este hombre puede sobresalir siendo un vil degenerado... y encantarnos. No nos olvidemos de que las damas son criadas de esa manera, por lo que en el fondo aman la espontaneidad y la autenticidad que tienen esos locos lindos. Por otro lado, estos "vagos" tienen tiempo de sobra para estar atentos a los mensajes, a las llamadas, a los favores, todo lo cual hace que la mujer esté fascinada por su atención.

El punto importante aquí, es que podamos entender quién es un vago. No es necesariamente el haragán, el que no estudia, no trabaja, no hace nada. Es aquel que, independientemente de lo que haga, cuenta con mucho tiempo para dedicarle a una mujer y está siempre disponible para ella; incluso, hasta puede que tenga un batallón de gente trabajando para él.

Ahora bien, el vago sin dinero tal vez encante al principio, pero ¿cuánto tiempo durará el encanto? Al igual que Cenicienta deberá tener cuidado de que a la medianoche, cuando el reloj dé las doce campanadas, su hechizo inicial sobre la mujer sea roto, y lo vea tal cual es.

El ricachón y la corriente

Este es el típico adinerado con rebuscado mal gusto, el que pretende deslumbrar a las mujeres con su dinero y su poder, pero de finesas no sabe absolutamente nada. Tal vez porque no tuvo un padre –o figura masculina– que se lo modelara, no tiene la más remota idea de cómo ser galante, amable, delicado, considerado y sobre todo, de qué es lo que le gusta a toda mujer. A este le quedan perfectas tres opciones de mujeres:

*La puta que debe sacar del bar, que vivirá eternamente agradecida por haberla honrado y haberle dado sus centavos sin necesidad de seguirse rifando el físico.

*La florcita de barranco, humilde, que ni siquiera sabe usar una licuadora o un microondas y, mucho menos, será capaz de prepararle comidas gourmet.

*La "revelación del año", aquella que era una Doña Nadie pero llegó alguien que descubrió su belleza y se infló los pechos y las nalgas, tomando un aspecto vulgar. Con suerte terminó su carrera y está dispuesta a civilizarse.

El ricachón es perfecto para estas mujeres, ya que viven eternamente agradecidas por las comodidades que él les puede ofrecer, comodidades a las que ellas nunca habrían podido acceder si él no hubiera aparecido en sus vidas. Ellas tienen deseos y sueños pero los canjean, junto con su motivación interna, para tener un respaldo, una muleta en la vida. Pero siempre tendrán que dar algo a cambio porque no son personas verdaderamente libres. Estos hombres no pueden relacionarse con una mujer inteligente y sobresaliente porque ella los hace sentir inferiores, y pasarían, como veremos a continuación, a la categoría de inseguros que los lleva posteriormente a atraer a una bruta.

El inseguro y la bruta

Es aquel que posee las mil y una inseguridades en cuanto a su físico, a su desempeño sexual o a su capacidad económica, y que además, no se considera exitoso. Este hombre necesita una mujer bruta en todo el sentido de la palabra. Si él es un tonto, es preferible que tenga una mujer tontita que no lo entienda; si carece de facultades de buen amante, es preferible alguien con poca o ninguna experiencia sexual para que no compare; si no tiene dinero para deslumbrar, es preferible una pobre que no pretenda cosas caras ni finas; y si no es exitoso, entonces una mujer educada para ser ama de casa le sentará bien.

¿Qué pasa cuando este hombre se fija en una mujer que de verdad valga la pena? Simplemente no lo soporta, para su ego resulta fatal el tan solo pensar que la gente diga que esa mujer es demasiado para él. De manera que inicia un desgastante proceso de maltratarla tanto como le sea posible, esto incluye ofensas, desapariciones, infidelidades e incluso abuso físico. El inseguro que cae con una mujer valiosa, está a un paso de convertirse en la Bestia.

"La Bella y la Bestia" (el villano y la sucumbida sin dignidad ni orgullo)

Esta combinación es más común de lo que se imaginan... resulta que la bella lo es en todo el sentido de la palabra, es la mujer físicamente bonita, la amable que le cae bien a todo el mundo, la noble, la trabajadora que no le importa gastar en él, la que no exige nada a cambio más que estar con el espécimen más detestado por todos sus familiares y amigos. Por lo general, él es feo físicamente, no cuenta con una gran suma de dinero, es mujeriego y la trata como si no valiera absolutamente nada; es más, se empeña con constancia en destruirle la autoestima, la dignidad y hacerla sentir como una cucaracha. Intenta mantenerla cerca a través del sexo para que se involucre, y también celándola para que ella se sienta importante. Esta atracción se da siempre que un hombre inseguro, que necesita reafirmar su virilidad, se encuentra con una mujer sucumbida por alguna mala experiencia anterior, cuya autoestima quedó dañada y se tornó muy susceptible. Obviamente, ante las primeras palabras bonitas que trae toda conquista, ¡ella cae con facilidad! Estas relaciones terminan convirtiéndose en círculos interminables donde la mujer, a pesar de los pesares, no puede dejarlo porque está enamorada, y el hombre no quiere que lo deje porque en el fondo sabe bien lo que perdería. Podríamos resumirlo como "el hombre que no come ni deja comer". Estas relaciones casi siempre acaban muy mal, ya que cuando la mujer finalmente consigue dejarlo, es porque tiene una cantidad exorbitante de rencor acumulado. Y el final de estos hombres, es ser odiados por su ex pareja y por todas las personas que estuvieron viendo la relación desde fuera.

Por lo que estos hombres deben optar por una mujer desalmada, al igual que ellos, para que ninguno de los dos demuestre sus sentimientos o su agradecimiento.

'Si quieres llorar, llora', pero cuando hayas terminado, da vuelta la página y salí otra vez a la vida".

El fóbico al compromiso y la dama de compañía o la desalmada

Este es el hombre con complejo de Don Juan. Quiere andar de picaflor y parece perro en celo detrás de todas las mujeres que aparezcan en su camino, pero nunca llega a nada con ellas. Como dicen en Argentina: "Calienta la pava, pero no toma el mate". Este hombre va a bailar y baila solo. Pero, si va en busca de una mujer, ¿por qué baila solo?, ¿acaso lo hace para ser visto por los demás? Este tipo de hombre debe conformarse con mujeres que tampoco quieren nada con él. Por lo mismo que él no tiene derecho a exigir absolutamente nada, entiéndase fidelidad, cariño, atención o tiempo. Así que la forma más fácil de tener a varias a la vez —sin causar daños a nadie— es contratando "damas de compañía", las conocidas trabajadoras pagas que solo realizan el mandado tal como él quiere. O bien, mujeres que andan de cama en cama pero exigen buen sexo cuando ellas quieren y pueden. Por supuesto, no faltan aquellas que piden muchísimo dinero porque son conscientes de que si no hay compromiso alguno, como mínimo merecen que se les pague con algo el servicio de acostarse con ellos... porque, ya sabes, ¡nada es gratis en esta vida! Tampoco le falta la opción de la feíta agradecida que se conforma con la atención y el cuidado que recibe de él, de vez en cuando claro, debido a que no tiene otra opción.

Cuando estos hombres dan con una "mujer con mayúsculas", de esas que de verdad valen la pena, luchan por huir y no enamorarse, pero les es muy difícil y caen en relaciones sin título que se vuelven eternas o que duran el tiempo que ellas tardan en encontrar a alguien que sí las tome en serio y se comprometa. Si esa persona no llega, el hombre cuenta con la suerte de seguir metiendo la pata en una relación de no comer ni dejar comer.

El otro final que casi siempre les cabe a estos tipos es sucumbir ante las artimañas de las zorras, y ahí es cuando pasan a estar en la siguiente categoría: los imbéciles. Una era buena y comprensiva con ellos, colocándose siempre en segundo lugar, pero no la supieron valorar. La otra es una desgraciada que los hace caer como tontos a sus pies, y aquellos que se creían "los machos de América" terminan debajo de las faldas de una mujer frente a la cual no pueden poner en práctica ninguna de sus artimañas habituales. Contigo era un flor de sinvergüenza y te hizo las mil y una –porque se lo permitiste–, y cuando lograste tomar distancia, lo ves embobado con otra mujer y no lo puedes creer… "A mí me hizo lo que quiso y a ella ¡le chupa las medias!" ¿Les suena conocido?

El imbécil y la zorra

Este es el hombre que se jacta de ser una persona de mentalidad abierta. Todo puede ser posible según las circunstancias. A él no le gusta escuchar consejo, porque siempre quiere tener la razón, y acusa a sus amigos que lo advierten de envidiosos y a sus amigas de celosas. Pero se deja llevar por la mujer literalmente mala, la que acostumbra a hacer brujerías para conseguir lo que quiere y que no siente ningún tipo de cariño por su familia política. Esa que hace lo que se le da la gana sin dar ninguna explicación, la que le exige sin medida, la que tiene amantes ocultos que negará hasta la muerte si llega a ser descubierta. Tiene un oscuro pasado, sin moral ni escrúpulos, capaz de mentir e incluso meterle un hijo ajeno. Por lo general, a este hombre le llega esa información a través de su gente de confianza: familia, amigos y hasta sus propios trabajadores; pero él está completamente ciego y pelea con todos los que le hablen mal de su mujer. Ella disfraza todos sus oscuros sentimientos esmerándose en la cama y en su arreglo para lucir siempre bella. Incluso, tiene reacciones inesperadas y confusas en donde llega a mostrarse cariñosa. Es coqueta con los amigos de su pareja y después los acusa de acosadores.

Finalmente, puede llegar al colmo de morir engañado criando un hijo que no engendró. Estos hombres casi siempre mueren en su ley, o logran salir de una relación para entrar en otra peor. A mí me alegra que les pase esto. ¿Saben por qué? ¡Por imbéciles!

Hombre detallista vs mujer cansada de besar sapos

Por lo general, esta es la mujer que está cansada de creer, de confiar, de dar mucho sin recibir nada a cambio. Por eso está a la defensiva a la primera señal que le indique que será un hombre que no vale la pena. Es en este momento en el que el hombre dulce, cariñoso y respetuoso entra por la puerta grande, ya que ella se conforma con el saludo de buenos días, una flor de vez en cuando, algunos piropos y buen trato. Esta mujer debe ser tratada con pinzas. Cuando sale con ella, él no debe darse vuelta para mirar a nadie más, mucho menos contestar llamadas sospechosas en su presencia. Ella es la pareja ideal para los hombres que les gusta tratar bien, sin importar si son ricos o pobres, feos o guapos. Tomen en cuenta que esta mujer, cansada de besar sapos, puede ser exactamente la misma "fuera de serie" que mencionamos anteriormente, ya que por esa misma razón fue que llegó a cansarse de todos los inseguros con los que se cruzó en su camino.

El hombre inteligente y la mujer correcta

Este es el hombre inteligente con una gran capacidad de discernimiento y suspicacia para detectar los profundos sentimientos y pensamientos de una mujer. Él detecta fácilmente cuando una mujer es sincera, honesta y correcta. Esta es una combinación perfecta para la mujer que le gusta hacer las cosas bien, pues se siente comprendida por el hombre que tiene a su lado y no experimenta la frustración que soportan la mayoría de las mujeres al hacer esfuerzos que no son nunca apreciados.

De hecho, a las mujeres sobresalientes les encanta un hombre inteligente, porque es alguien que no peca de inseguro ante ellas. Por su forma de ser segura y confiada, él no necesita preguntarle todo el tiempo qué quiere hacer, sino que la sorprende al proponerle actividades que generalmente ella no rechaza. Y nuevamente como dice Ricardo Arjona, es aquel hombre que te dice, "te conozco".

Te conozco desde el pelo hasta la punta de los pies

sé que roncas por las noches y que duermes de revés,

sé que dices que tienes 20 cuando tienes 23.

Te conozco cuando ríes y tus gestos al amar

sé de aquella cirugía que a nadie le has de contar

sé que odias la rutina un poco más que a la cocina. [...]

Reconozco lo que piensas antes que empieces a hablar

sé de tus 150 dietas para adelgazar,

sé que padeces de insomnio y que fumas sin parar.

Imagino esas charlas que en mi honor han de entablar

y hasta sé lo que este viernes le has de hacer para cenar

y es que tanto te conozco que hasta sé, me has de extrañar.
[...]

Qué espectacular estar con un hombre con el cual podamos estar y ser verdaderamente como somos sin tener que pensar qué le diremos o qué haremos para que se sienta bien, para que no se enoje, para que no se ponga de mal humor, para que no se sienta mal. Es tan desgastante vivir esmerándonos en acertar la palabra exacta que hay que decir para que no ponga "cara de..." delante de tus amigas o te haga un escándalo en medio de una reunión familiar... ¡Qué locura! ¿Te pusiste a pensar el trabajo que implica estar con un tipo así?

¡A qué mujer no le gusta un hombre que camina a nuestro lado, pero sin invadirnos! Un hombre que "es" y que te permite "ser".

6. LOS DEFECTOS Y SUS SALVAVIDAS

Viejo, feo, impotente... pero millonario

Dependiendo de la edad, las mujeres van cambiando su predilección por el físico. Mientras más jovencitas, más atraídas son por el buen parecido; a medida que maduran, la importancia del físico queda atrás; sin embargo, el dinero es algo que a la mayoría de las mujeres les llama la atención a cualquier edad porque este conlleva invitaciones, regalos y atenciones que, al final del día, es lo que nos conquista a casi todas. Por lo que este factor siempre puede ayudar a un hombre feo.

En la actualidad, las mujeres se inclinan cada día más por tener satisfacción sexual. Un hombre impotente suele llevar las de perder, ya que al principio puede atraer a todas las mujeres que quiera –con dinero puede comprar Viagra–, pero a largo plazo, quedarán solamente las interesadas en su billetera, las que no son sexuales, y con un gran riesgo de que lo engañen con uno que sí les dé satisfacción.

Pobre... pero guapo y buen amante

Este es al que los demás hombres llaman "pobre con suerte". ¡Y por supuesto que la tiene! Es capaz de enloquecer a cualquier mujer, porque solo de verlo tan guapo dan ganas de poseerlo; y si encima al poseerlo resulta ser excepcional en la cama, pueden causar enamoramiento crónico que puede llevar a una mujer a amar de verdad. Si este hombre es trabajador y se esmera por superarse, le puede ir muy bien con las mujeres; pero si se aprovecha de sus encantos y pasa a ser un vividor, la magia le durará hasta que la mujer se desespere al no ver ningún progreso y muchas deudas. Las preocupaciones debidas al factor económico pueden causar estragos en la parte sexual.

Feo... pero buen amante

Aquí bien puede ir la frase: "Pudo más por cabrón que por bonito". Esta puede ser la razón por la que vemos feos con bonitas. Hombres que son buenísimos en la cama pero físicamente no son guapos. Ellos tienen que compensar con perseverancia y buen mantenimiento, de lo contrario sus mujeres fácilmente se escaparán debido a que si perdonaron lo feo fue porque necesitaban sexo, que es para lo que estos sirven. Pero si no lo proveen con constancia, de nada sirve. Tienen que hacer triple esfuerzo en la conquista para poder llevarlas a la cama y que los prueben, y cuando lograron mostrar sus atributos deben comportarse como verdaderos caballeros, sin presumir que es a ellos a quienes las mujeres siguen.

Feo, pobre, amante promedio... pero CABALLERO

Sin irnos a los extremos, este es un tipo que no sobresale físicamente, no es rico, no es espectacular en la cama pero es encantador en cuanto al trato con las mujeres y, con esto, puede llegar a obtener lo que él quiera. Muchos dirán: "Pero una interesada no le haría caso". ¡No importa! Al caballero tampoco le interesa realmente ella.

7. LOS SIETE PECADOS CAPITALES DE ALGUNOS HOMBRES ANTE LAS MUJERES

1. INSEGURIDAD

Esta es la madre del resto de los pecados de la que derivan muchísimas fallas insoportables para las mujeres.

Lo que causa mayor inseguridad en la mayoría de los hombres es el factor económico. Es increíble como a un hombre inseguro esto puede hacerlo sentir tan poco, aunque tenga otras virtudes. Este eterno resentimiento económico hace que estos hombres vean a todas las mujeres como interesadas y que compitan con las independientes. Ellos casi siempre resultan ser fanfarrones, porque es tanto lo que les importa el dinero que viven para aparentar lo que no tienen. Esta conducta hace que no les caigan nada bien a las mujeres, ya que a ninguna de nosotras nos gusta estar con un fanfarrón. Por otro lado, se convierten en malos amigos ya que envidian a los que tienen poder y dinero, buscándoles miles de defectos.

El inseguro se esmera en hacer sentir inferior a la mujer, nunca le demuestra ninguna clase de admiración, ni siquiera le gusta escucharla para no darle el gusto de hacerla sentir importante. Nunca asiste ni participa en nada que tenga que ver con los éxitos de la mujer, no va a sus eventos, no le celebra sus logros, sus victorias, así sea ganarse un premio espectacular.

En conclusión, estos son especialistas en bajarles la estima a las mujeres. Les encanta hablar mal de ellas y decir que son ellas quienes los buscan... ¡porque son unas locas!

2. SOBERBIA

Este es un grave defecto que hace que un hombre nunca llegue a conocer en realidad a las mujeres. Ese hermetismo que algunos tienen de no querer nunca demostrar sus debilidades y fortalezas hace que ninguna mujer llegue a conocerlos, valorarlos y quererlos, pero sobre todo, a desnudar su alma ante ellos. Estos hombres nunca cuentan sus penas y angustias, sus proyectos y metas, sus éxitos alcanzados. Se creen autosuficientes y de ningún modo se dejan apoyar, no quieren derramar nunca una lágrima y mucho menos decir un "TE QUIERO".

Sin bien las mujeres tenemos un sexto sentido desarrollado, tampoco somos adivinas con una bola de cristal para diagnosticar enfermedades, problemas en el trabajo, dificultades económicas, crisis existenciales, etc. El problema aparece al final del camino, cuando el asunto se vuelve muy grande y este hombre ya no lo puede disimular, cuando sobrevienen las quiebras económicas, las enfermedades graves, los problemas de impotencia, etc. Es en este momento en el que finalmente él se entera de quién es la mujer que ha tenido a su lado, si tuvo la suerte de estar con la buena, pues ella le dará la oportunidad de conocerla, si es que no se desesperó mucho tiempo atrás y huyó porque no le dio tiempo de demostrar sus cualidades. La desalmada tampoco tiene culpa, porque ella simplemente se acomodó a la situación perfecta que él siempre le propició, por lo que él no puede quejarse. Le ha llegado el tiempo de contratar a una sirvienta o a una enfermera y, de paso y a escondidas, llorar a las mujeres que hubieran permanecido a su lado pero que no se dio la oportunidad de conocerlas realmente por una sencilla razón: su SOBERBIA.

3. LOS VICIOS Y ADICCIONES

Todos piensan que esto se refiere solo a alcohol, tabaco y drogas, que por supuesto pueden dañar enormemente una relación puesto que estos vicios pueden acarrear violencia y llevar al hombre a caer en la irresponsabilidad e inestabilidad. Sin embargo, hay otro tipo de adicciones, como el trabajo, la profesión, los deportes, los hobbies, etc., que pueden ser aun peores y llevar a la destrucción total de una relación.

En el caso del adicto al trabajo, su gravedad recae en la falta de tiempo para dedicarle a su familia. Los innumerables viajes hacen que nunca esté en momentos inolvidables; su mente ocupada, que no esté atento ni escuche lo que pasa en su casa; su cansancio, que pierda el interés sexual; y su estrés, que nunca note cambios en su pareja. ¿Quién retira los niños del colegio? Tú. ¿Quién se encarga de reparar el auto o de llevar al auto al mecánico? Tú. ¿Quién lleva a los chicos al médico? Tú. ¿Quién se encarga de comprar los regalos para Navidad de modo que todos tengan un presente, incluso su propio jefe? Sí, imaginaste bien, ¡tú!

A este hombre le da lo mismo si te arreglaste el cabello, si cambiaste de color, si bajaste de peso, o si acomodaste la casa con sillones nuevos. ¿Recordar el aniversario?, ¡pero si eso fue hace ya tantos años! ¿Decirte "te quiero"?, ¡si ya lo sabes! ¿Otra vez decirte "estás linda"?, ¿¡acaso no tienes un espejo para que te lo diga a cada rato!? ¡Qué gran pérdida de tiempo! Tal vez, frente a algún reclamo, te dará la razón para que no sigas cargoseando, por eso a la noche llegará con algún regalo –comprado por la secretaria o por alguna compañera de trabajo, obviamente–, convencido que con ese gesto ya hizo más que suficiente. Por lo menos por un tiempo, tú estarás tranquila, feliz y no lo molestarás averiguando si te quiere o no, si tiene otra o no. ¡Ah! ¡Quizás esa misma noche también cumpla! Así que aprovecha todo y no te quedes con ganas de nada, porque tendrás que esperar hasta el próximo capítulo para que este hombre se dé cuenta de que tú estás allí.

El adicto a un deporte tiene su cuerpo, mente y alma concentrados solo en eso; prefiere gastar dinero en comprar un equipo especial –la mayor parte de las veces innecesario– que pagar el colegio de los hijos; elige estar en el gimnasio antes que estar con la familia y su único tema de conversación es su deporte predilecto. Puede fácilmente llegar a ser infiel con alguien que practique lo mismo, ya que resulta aburrido para las mujeres que no lo hacen. Su mundo se reduce al deporte y nada más.

Entre los vicios, también debo incluir la adicción a los juegos de azar, o ludopatía. En este caso, es el factor económico el que se ve principalmente afectado, y si la adicción es intensa, puede representar la quiebra de muchas familias. Esta adicción, además, casi siempre va ligada a otras adicciones como el alcohol, las drogas, la prostitución, etc. Los adictos al juego pueden llegar a caer en una enfermedad grave. De estos diferentes vicios y adicciones pueden derivar malos hábitos y costumbres, que ahuyentan a cualquier mujer, como la falta de higiene, el mal aliento causado por el exceso de licor y cigarrillo, la ropa sucia y los malos olores corporales causados por la actividad deportiva.

4. IDEOLOGÍA RETRÓGRADA

Machismo, misoginia, disfunciones mentales, tendencias extrañas, teorías aferradas... un sinfín de circunstancias que torna a nuestros hombres en verdaderos insoportables. Nunca olvidaré la primera vez que le dije cariñosamente "mi amor" a una pareja que tuve. El hombre, visiblemente molesto e indignado me contestó: "¡No me digas "mi amor", llámame por mi nombre en diminutivo porque no quiero compromiso! ¡Yo no libero oxitocina y eso hace que no quiera apegos, se me olvidan hasta mis hijos!". ¡Madre mía! Cosas por el estilo demuestran los niveles de retraso que pueden indignar a cualquier mujer normal.

Como el caso que me contó un colega mío, que yo no sabía si me estaba contando una broma o era una historia real, del esposo de una amiga de él que cada vez que ella le rogaba tener sexo, él le preguntaba: "¿Qué vamos a almorzar mañana?". Y tantos otros casos que si quisiera narrarlos todos, tendría que ponerme a escribir otro libro. No niego que este tipo de actitudes también sea común en ciertas mujeres, razón por la cual también fracasan las relaciones.

No puedo dejar de mencionar el apego a religiones y sectas que enajenan a las personas del mundo real: esto honestamente espanta a cualquier ser que no esté sintonizando la misma frecuencia. En esta categoría entran los que se quedaron anclados en relaciones y situaciones pasadas, y no hacen más que hablar de eso, sin darse cuenta de que lo único que logran es transmitir el claro mensaje de que no tienen su pasado resuelto y son incapaces de disfrutar el presente.

5. AMNESIA, EMBUSTE Y FALACIAS

Resulta que por obra de magia todo se les olvida. Me pregunto cómo hicieron para pasar la escuela elemental con esa memoria. Se olvidan no solo de acontecimientos como cumpleaños y aniversarios, sino de hechos que nos afectan más, como una infidelidad, alguna falta grave que les perdonamos o todas esas ofensas que alguna vez nos profirieron. Olvidan todo rápidamente, ¡así haya ocurrido dos horas antes! Frente a cualquier reclamo te dirán, "¿Quién, yo?" Pero lo que más nos duele y nos frustra es que olviden los detalles y sacrificios que por amor hicimos por ellos, porque esa actitud nos hace sentir utilizadas, olvidadas, no apreciadas, y percibirlos a ellos como mal agradecidos.

En cuanto a los embustes y las falacias, son artimañas que se usan en la conquista para que la mujer muerda el anzuelo. Algunos caen en la fanfarronería de aparentar y mostrar como propias cosas materiales que no son suyas; pero cuando la mujer cae y llegan a la convivencia, ella se da cuenta de que ni el carro es de él. Algunos otros se jactan de ser los mejores sementales, "el proveedor de tu felicidad". Otros dirán: "Conmigo conociste el paraíso, nena". Claro, si este hombre es el primero, podrá "dársela"; pero cuando tengas más experiencia dirás, "¿qué hice?, ¡este tipo fue la peor pesadilla de mi vida!" Hombres que se jactan de ser "únicos", "supremos", y luego resultan ser impotentes o un gran fiasco en la cama. Otros ofrecen el cielo y las estrellas, y al final resultan estar comprometidos con alguien o algo más, y desaparecen como por arte de magia en un abrir y cerrar de ojos.

Pero los peores son los falaces que se defienden argumentando que ellos han hablado claro y han puesto las cosas en orden, cuando en realidad, lo único que hicieron fue hablar para su propia conveniencia y disfrazar la verdad.

"Te prometen y te prometen, en lo que te la meten".

También está el caso de los casados. Estos juran llevarse mal con la mujer, estar divorciándose y no tener relaciones sexuales desde hace mucho tiempo. Pero de pronto: ¡Sorpresa!... ¡la mujer está embarazada! Y ellos se justifican diciendo que tú sabías que era casado. Este es nada más un ejemplo de las muchas falacias que suelen afectarnos, ya que a esta altura del partido ya no creemos en la cigüeña ni el Espíritu Santo.

6. FOBIA AL COMPROMISO

Esto no funciona en países latinos donde no todas las mujeres están preparadas para entablar este tipo de relación "sin compromiso". Pero independientemente de que la mujer esté preparada o no, es un hecho que no todos los hombres pueden manejar este tipo de relación y siempre terminan hiriendo susceptibilidades. Para empezar, quieren salir favorecidos solo ellos; quieren sexo solo cuando ellos quieren pero si son ellas

las que quieren, ni siquiera les contestan las llamadas. Quieren tener muchas mujeres a la vez, pero no quieren que ellas tengan varios hombres. Y, como si esta iniquidad fuera poco, el saber que tienen una relación sin compromiso los lleva al cinismo y al descaro de faltar el respeto, algo que está totalmente fuera de lugar: una cosa es no querer tener compromiso y otra muy distinta, faltarle el respeto a una mujer.

El no tener compromiso los hace creer que tienen derecho a no invitar a salir nunca, no hacer regalos, no saludar para el cumpleaños, no decir un piropo. Esto, lejos de no tener compromiso, es una falta de caballerosidad y sentido común. Es por eso que este tipo de hombres debe juntarse con la mujer desalmada o con la señorita que envíe el servicio de acompañantes al que esté abonado, para no causar daño, como se mencionó anteriormente.

7. LA DEBILIDAD:

Desde tiempos ancestrales siempre ha dominado el hombre fuerte, equivalente al macho alfa en el reino animal. Cuando nos referimos a debilidad, no solamente estamos hablando de la fuerza física, sino principalmente de la personalidad, de esas características que tanto nos atraen del hombre: coraje, decisión, forma de hablar y expresarse, capacidad, hombría, fuerza y liderazgo, entre otras.

El hecho de que un hombre sea cariñoso no quiere decir que sea débil. Es la forma y el tono de voz que emplea para decir una palabra cariñosa lo que lo hace débil o encantador. La mayoría de las mujeres no son atraídas por la debilidad, esta es la razón por la que, muchas veces, son criticadas por despreciar el cortejo de un "hombre bueno". Simplemente, su forma de ser tan apaciguada hace que no haya química para hacer intensa una relación, sin importar que se trate de un hombre bueno. Es que nos es imposible poder llegar a sentir pasión y deseo de tenerlo.

A la mayoría de las mujeres nos gusta el hombre que es capaz de tomar decisiones, tanto para escoger un plato en un restaurante como para hacer un gran negocio. No hay cosa que odiemos más que a un hombre indeciso que nunca sabe qué hacer en la vida. Ese hombre débil que nunca defiende su territorio en ningún sentido y justifica su falta de agallas afirmando que es solo para evitar problemas. Nunca da la cara cuando las mujeres necesitamos la presencia de un HOMBRE para defendernos. De tan débiles nos hacen sentir tan fuertes que terminan por cedernos su rol, y nosotras por tratarlos como trapo de piso.

8. LO QUE LAS MUJERES AMAMOS DE LOS HOMBRES

LOS DETALLES y EL ROMANTICISMO:

"Las mujeres pueden perdonar grandes errores, pero no olvidar pequeños detalles". Por increíble que parezca, un mínimo detalle puede hacer vibrar a cualquier mujer. A tal punto que a veces los mismos hombres se preguntan cómo es posible que un tipo que para ellos era insignificante, fuera capaz de conquistar a una mujer codiciada.

Sin importar la edad, las mujeres nunca dejan de sentir emoción ante los detalles. Encontrar una notita sorpresa sobre nuestro escritorio, que nos regalen flores después de una larga jornada, recibir una llamada a mitad del día para saber cómo estamos, que nos envíen un mensaje de felicitación después de un logro –por insignificante que sea– o escuchar de su boca un simple "¡qué bonita estás!" es suficiente para que ese hombre nos encante.

LA ADMIRACIÓN

Esto es indiscutible y debe ser mutuo. Las mujeres amamos a un hombre que podamos admirar. Esto prueba el por qué odiamos la debilidad. Todo lo que pueda significarnos protección genera de inmediato admiración por ellos, como el dinero, el poder, la fuerza, la robustez, la habilidad, el cariño... Inconscientemente, estas cualidades generan en nosotras la certeza de que seremos consoladas en momentos de pobreza, impotencia o ante cualquier otra necesidad. Nos gusta el hombre que puede y quiere reparar nuestro carro con sus propias manos o bien el que tenga el dinero para pagarla; es decir, no tiene que ser necesariamente él quien lo repare, pero sí tomar la responsabilidad por su cuenta.

Nos gusta el hombre apreciado por todos, el hombre que puede hablar de cualquier tema con cualquier persona, sin atacar ni ser atacado. Admiramos al hombre que le resulta agradable a todo el mundo por su carisma y nos encanta que nos digan lo afortunadas que somos por haber conseguido a un hombre tan encantador.

EL SABER ESCUCHAR

No puedo negar que muchas mujeres hablamos como urracas parlanchinas, y yo no soy precisamente la excepción. ¡Ni siquiera el propio Dalai Lama nos soportaría todo el tiempo! Pero en algunos momentos, cualquier mujer, incluyendo las poco expresivas, necesitamos ser escuchadas. Esta es la razón por la cual muchas mujeres odian la TV: este aparato suele ser la causa de que muchas veces los hombres no nos presten atención. Parte del éxito de muchos borrachos es que no solo hablan y escuchan, además se ponen a filosofar y esto a las mujeres nos moviliza. El que no nos escuchen, nos hacen sentir incomprendidas, frustradas, menospreciadas. La mayoría de las veces queremos compartir las cosas que vivimos en el día, contar nuestros logros, desahogar nuestras penas o simplemente confiar situaciones que a nadie habíamos confiado anteriormente. A las mujeres también se nos conquista por el oído: de ahí viene el dicho de que "alguien llegó, escuchó, endulzó el oído y la robó".

LA NOBLEZA

Nunca olvido cuando le pregunté a una lesbiana por qué también había tenido hombres en su vida, a lo cual me contestó: "Simplemente yo me enamoro de su ser". Esta fue la respuesta a porqué sin existir entre nosotros nada carnal ni pasional, yo quería tanto a un homosexual que había conocido por cuestiones de trabajo: descubrí que era la buena energía que él irradiaba, su bondad. Me di cuenta también el motivo por el que mi hombre, que era tan bueno en la cama –el que no quería compromiso conmigo– era al único que por años yo había podido aceptar bajo esa condición. Era debido a su nobleza, su manera de hablar de mi perro, de tratar al suyo, el amor por su madre, el respeto por las situaciones tristes, su esfuerzo por no herir las susceptibilidades de las demás mujeres.

Fue esa también la razón por la cual, por primera vez en mi vida, ocurrió mi "¡ni loca hago eso!": involucrarme espiritual y emocionalmente con un casado, después de repetirme hasta el cansancio: "Hombre casado, ni frito ni asado, ¡y a la plancha menos!". Fue precisamente por su carisma, comprensión, visión de las cosas, amor por su familia, aceptación –nuevamente– de mi perro y de mis locuras. Como también esta fue la causa que hizo que no trascendiera la relación para evitar daños a terceros.

Ellos ni se imaginan lo que un hombre noble puede significar para una mujer. Lejos de ser atractivo, sucede algo mejor y más interesante: es querido y apreciado por nosotras.

LA CABALLEROSIDAD

Después de escuchar a mujeres de todas las edades, descubrí que todo lo que les gusta se resume en una simple palabra: *caballerosidad*. Es un término que abarca muchas cualidades por lo que sería más fácil hacer una lista de todas ellas. Sin embargo, podemos decir que la caballerosidad se reduce sencillamente a buenos modales, educación, ética, valores, escrúpulos y, sobre todo, sentido común. ¿Qué mujer no cae rendida a los pies de un caballero?

"En una encuesta realizada a 3.600 personas se preguntó acerca de aquellas actitudes que les restan puntos a los hombres a la hora de ser elegidos. Los resultados arrojaron que la mayoría de las mujeres (37%) creen que lo que más resta puntos es 'ser poco caballero'. Las damas, claramente, siguen valorando la caballerosidad".[3]

---

[3] Datos extraídos de http://www.entremujeres.com

ENTENDIENDO A LAS MUJERES

¿Para qué les escribo sino saben leer?

Para escribir este capítulo pasé largas noches pensando cómo haría para que pudieran comprenderlo mejor. En esa invasión de dudas, no sabía si hacer dibujos, gráficos o simplemente escribir de la forma más clara que se pudiera, y así comencé a hacerlo.

En una librería un ilustre señor se acercó a mí y me dijo: "Usted que es la que sabe, ¿cómo puedo hacer para entender la psicología de las mujeres?". "Quítese primero usted lo trabado y entonces las comprenderá", respondí. Y el señor, mostrando una amplia sonrisa, replicó: "¡Qué buena filosofía!, pero sáqueme de una duda, ¿por qué a las mujeres brutas se les nota tanto y a los hombres brutos no?" Ahora fui yo quien sonreí y le dije: "Porque las brutas se hacen las brutas, pero son más listas de lo que parecen, tan listas que fingen muy bien ser brutas". Aquí radica el motivo por el cual a los hombres les cuesta tanto entender y engañarlas, y también la razón por la que es tan fácil engañarlos.

Para una mujer, una simple mirada dice más que mil palabras y un hombre necesita decir mil palabras, para disimular su mirada. Al inconsciente no se le puede engañar, por más que una persona crea tener el control cuando miente siempre habrá algo que la delate, además será mucho más fácil saber si ya está enterado de cuáles son los signos indicadores de una persona mentirosa, incluyendo hasta los más imperceptibles. Las mentiras tienen patitas cortas, pero muchas veces las mentiras femeninas pueden tardar mucho tiempo en averiguarse. En esta ocasión, les daré algunos signos para detectarlas a tiempo.

DETECTANDO MUJERES QUE MIENTEN

- Se comporta nerviosa o actúa de manera incómoda.

La selección de palabras en una conversación puede ayudar a descubrir una mentira oculta. Si empieza una frase sospechosa como: "honestamente", "la verdad es que" o "justamente estaba pensando en eso", no lo crea. Exagera para tratar de convencerlo de su integridad.

- Se muestra incongruente en su narración. Cuenta historias diferentes en diferentes días, tiene errores al recordar detalles, o mezcla las cosas.

- Responde una pregunta con otra pregunta, para ganar tiempo de recopilar información para darle la respuesta que quiere escuchar, o bien para crear una mentira convincente.

- Si le pregunta y se opone firmemente a responder, la defensa extrema podría significar que intenta esconder algo.

- Si lo acusa de mentiroso cuando realmente no lo ha sido, podría reflejar que está proyectando algo que ella hizo, para defenderse por anticipado de alguna acusación.

- Si sospecha que miente, confíe en el instinto, pero no saque conclusiones apresuradas, primero intente conseguir evidencia para sostener su postura. Y una vez que se asegure, háblenlo e intente entender y escuchar las razones de la mentira.

- Observe la reacción y actitud que toma cuando miente, tal vez se ha dado cuenta que le afecta mucho cuando le dice la verdad y ante esa reacción, es mejor recurrir a la mentira.

Amor, sexo y romanticismo, pilares de una relación.

El amor es algo más espiritual, es conocer a la pareja. Saber porqué actúa como actúa y quererla como es, sin querer cambiarla. Es aprender a tenerle cariño a su vida. Pero cuando no existe sexo satisfactorio o atracción sexual, puede llegar el aburrimiento y la falta de emoción. ¿Y si no se ha tenido relaciones? Un buen indicador es la atracción física que se siente por la pareja, el disfrute y el placer que se siente al besarla y acariciarla. He escuchado amigas que me dicen: "no me gusta mi novio, pero me cae bien". Es el caso típico, en que hay un poco de amor, pero no existe la emoción de las caricias y los besos. Aunque no te guste mucho el resultado de lo que te diga, tarde o temprano, esa relación está destinada a fracasar. La ausencia de esa pasión, esas ganas de tener sexo, la emoción que nos despierta estar con el otro, nos llevará a querer vivir todo eso, y si no llega con nuestra pareja, un tercero aparecerá en escena. El subconsciente va a pedir esa necesidad, hasta que acabe por incomodar. Esto casi siempre lleva a la infidelidad, a la frustración y al aburrimiento.

<Poner en el costado:> "Los hombres engañan más que las mujeres; las mujeres, mejor". *Joaquín Sabina*

Existen matrimonios que sobreviven sin sexo y les basta con el amor que siente el uno por el otro. Sin embargo, más que una pareja, son hermanos. Y es que sin la emoción del sexo, ninguna pareja puede sentirse plena. Puede sobrevivir, pero nada más. El ingrediente más importante en una relación de pareja es el amor.

Una relación que se basa solo en la emoción del sexo está destinada a fracasar también. Tener intimidad sin amor, lleva a sentir vacío. Es como una droga de efectos embriagantes al momento del acto o de las caricias. Pero después, el efecto secundario es de vacío. La voz interior va a seguir diciendo: "¡Basta!, necesito algo emocional". Aunque en este paso, cabe mencionar que muchas veces el buen sexo puede llevar a involucrarse sentimentalmente.

El tercer ingrediente es el romanticismo. Si se es afortunado, y el amor y el sexo están presentes, estás a un paso de tener una relación ideal. Pero falta el tercero: el romanticismo. ¿Qué significa romanticismo para un hombre y para una mujer? Para las mujeres, que un hombre le lleve rosas, se acuerde de los aniversarios, le abra la puerta del coche, sea detallista. Que le diga lo atractiva que se ve y el sinfín de actitudes que hemos venido hablando desde el principio.

"El amor es una actividad, no un afecto pasivo; es un 'estar continuado', no un 'súbito arranque'". *Erich Fromm*

Nunca me ha dejado de impresionar que las mujeres me digan que les sorprende que sean tan atentos, "ya no hay hombres así".

¿Qué considera romántico un hombre? Que una mujer lo admire, lo elogie, lo apoye en sus sueños. En el fondo, los hombres hacen cosas, movidos por el deseo de agradarle a una mujer. Si compran un auto, piensan en la admiración que despertarán en ellas. Por eso, para la mujer, lo más anti romántico que puede hacer por un hombre bueno es decirle que es un fracasado, que no gana lo suficiente, que tiene que estar motivándolo todo el tiempo. De esta manera, es fácil ver que una mujer tiene el poder de elevar a un hombre o llevarlo al fracaso. Si elogia las pocas cosas positivas que vea en él, se va a sentir grande y va a mejorar automáticamente sus aspectos débiles, siempre y cuando este hombre no sea inseguro y machista.

La mayoría de las discusiones en la pareja se deben a la falta de comprensión del romanticismo. Si una mujer entiende que destruye a un hombre si lo critica o presiona porque no gana suficiente dinero, deja de hacerlo. Lo motiva y ve con él qué cosas pueden hacer juntos para obtener dinero. Si el hombre comprende la necesidad de su pareja de sentirse una dama, estimulándola con detalles como unas rosas rojas, atendiéndola y expresándole lo guapa que está, lo hace.

Cuando comprendan lo importante del romanticismo, la mayor parte de discusiones de pareja desaparecerán.

Sin embargo, el romanticismo por sí solo, sin amor y sin sexo, no puede lograr mucho. Es el caso de las mujeres que tienen un pretendiente que es muy atento con ellas, aunque no les llama la atención. Se preguntan si será bueno darle una oportunidad. Pero cuando lo aceptan, se dan cuenta que no les gusta ni a patadas (atracción sexual), que no sienten cariño hacia su vida o no lo aceptan como es (amor). A este hombre, lo dejan más que rápido. Una relación perfecta es como una mesa con tres patas: amor, sexo y romanticismo. No hay nada más hermoso que reunir estos tres ingredientes en una relación de pareja. Yo alguna vez lo experimenté, y en verdad es lo mejor que se puede sentir. Tu relación, ¿cuántas patas tiene?

CÓMO SABER CUÁNDO LE INTERESAS REALMENTE O NO A UNA MUJER

Aquí se cumple que aunque el hombre haga de todo para conquistar a una mujer, si a ella no le gusta, no le gusta y punto.

Lista de algunas pistas positivas, indicadoras del SÍ.

Fase de Conquista:

- Acepta casi de inmediato las invitaciones a salir. Trata de hacer lo posible por cambiar de planes para poder asistir a la cita, pero si realmente no puede asistir ese día, es ella quien propone para cuándo se traslada la cita y está pendiente.

- Cada vez que sale con el que le gusta, se arregla lo suficiente para verse más bonita de lo normal.

- Siempre contesta las llamadas o las devuelve.

- Trata de agradar en la conversación.

- Hace actividades que nunca haría por ella misma, con tal de agradar al hombre, como ir a ver repuestos de carros.

Fase de Mantenimiento:

- Está al pendiente de las necesidades del hombre y lo cela.

- Hace actividades que al hombre le gustan para satisfacerlo.

- No deja de ser detallista nunca. Tal vez baja la intensidad de los detalles, pero siguen hasta el final, entre estos está cocinar la comida que le gusta, no resistirse a comprarle algo que a él le gusta, por muy insignificante que sea y así sea con el dinero de él.

- Se molestan con facilidad cuando se sienten celosas, por mucho que lo aguanten y traten de disimularlo, es obvio.

- Son muy agradecidas y quieren quedar bien con las amistades y conocidos.

- Es muy raro que se nieguen al sexo.

- Se preocupan por saber cómo están, cómo les fue en sus proyectos; si están enfermos están pendientes, preguntan por todo.

CUANDO NO LES INTERESAN O SE ACABÓ EL AMOR

Fase de Conquista:

- Evaden llamadas.

- Son cortantes para hablar y a pesar de lo mucho que hablan en general, cortan rápido la conversación, a menos que estén muy ocupadas o realmente no puedan hablar.

- Están siempre a la defensiva en todos los temas que el hombre toca.

- Usan mil pretextos para rechazar invitaciones a salir.

- No reclaman nunca cuando se desaparecen por largo tiempo.

- No los admiran por nada.

Fase de Mantenimiento:

- Así sea obvio que las engañan, se hacen las disimuladas y nunca reclaman.

- Cuando ellos tienen viajes frecuentes, planes con amigos, o deciden salir solos, son ellas mismas las que los impulsan a que vayan, sin peros ni condición alguna, y hasta se alegran.

- Estas mujeres han entrado en una fase total de conformismo y evitan discutir al máximo.

- No les importa el lucir arregladas ante ellos, y hasta se dejan engordar y se descuidan.

- El negarse al sexo, es un factor importante e interesante: indica que el interés y el amor, ya se están perdiendo. En este punto es importante analizar también la calidad de sexo que tienen, ya que un mal sexo de parte de él, puede bajar el estímulo.

FRASES CELEBRES DE LAS MUJERES

Quejas indicativas del inicio de la decepción y desesperación.

- Pero si ya dijo que no quiere nada, ¿por qué me sigue buscando?

- Es que ando en mis días.

- Es que me cae mal que nunca salimos.

- Ya no me quieres como antes, ya no eres el mismo.

- ¡Hoy sí, lo mando a la mierda!

- ¡No más, no más!… ¡hoy sí lo odio al desgraciado!

- ¡Esta es la última que le dejo pasar!

- ¿Por qué siempre me dejas plantada?

- ¿Por qué no contestas?, estuve esperando tu llamada.

Sus frases quemadas y cómo las mujeres las traducimos

- "No es que ya no te quiera, te mereces algo mejor". (Ya no quiere nada conmigo y no encuentra palabras para decírmelo sin herirme.)

- "No va a pasar nada que tú no quieras". (Me quiere calentar para llevarme a la cama, y se está haciendo el bueno y educado.)

- "No hay nada entre mi ex y yo, solo somos amigos". (¡Mentiras! Solo habla de ella, lo más seguro es que sigue acostándose con ella o todavía está colgado de ella.)

- "Es que he tenido mil problemas, necesito un respiro, yo te llamo en la semana". (¿De qué mes?)

- "Nada más la puntita". (Me la quiere meter toda, y varias veces.)

- "No todos somos iguales". (Es la misma mierda que todos.)

- "Tú eres la única, no tengo a nadie más". (¡Mentira! No se desaparecería tanto... no creo que aguante tanto tiempo sin tener sexo.)

- "Es mi prima, lo que pasa es que desde los 5 años que no la veía". (Se encontró a una ex o una nueva conquista.)

- "Es que he tenido muchísimo trabajo". (¡Pretexto! El que quiere puede.)

- "Si no la estaba viendo a ella, estaba viendo la decoración que está detrás de ella". (Le estaba viendo el culo.)

- "Ven a ver una película a mi casa". (Quiere cogerme, sin compromiso y sin que nadie nos vea en la calle, porque ha de tener novia, ¡maldito!)

- "¿Qué haces?... Ven pues a mi casa". (Ir por mis propios medios a entregar el equipo y regresarme sola con mi soledad.)

- "Trae a tus amigas". (Quiere presumir con sus amigos que es encantador y atrae mujeres, aparte de servirle a sus amigos.)

- "Mira mi amor, vámonos a un lugar tranquilo". (Quiere sexo y punto.)

- "No eres tú, soy yo…" (Terminemos.)

- "No sé qué quiero en la vida". (No quiere compromiso y quiere andar de picaflor, ¡y ni buen palo es!)

- "Yo siempre te dije que no somos nada". (Te sigo cogiendo sin compromiso y no tenés derecho a patalear.)

- "Eres una gran persona, no tengo nada que decir de ti". (Gracias pero no me llenaste nunca, por muy buena que seas.)

- "Es que me cuesta mucho ser cariñoso, soy poco expresivo". (Mentiras, no le termino de gustar.)

- "¿Para qué vamos a salir si es tan lindo estar en la casa?" (No quiere gastar y es un ermitaño.)

- "¿Carga dinero? No traje mi billetera". (Vividor de mierda.)

- "No seas paranoica, ¡nada que ver...!, es mi amiga". (Puto de mierda.)

- "Esa pulsera es de mi hermana". (Pertenece a otra mujer que llevó a su casa.)

- "No dejes nada olvidado en mi apartamento". (Vendrá la otra y lo va encontrar.)

- "No... ¡qué raro!, no entró la llamada y no tengo ninguna llamada perdida...". (No está interesado en mí, o estaba con otra y no pudo contestar.)

- "Sí, soy casado, pero nos estamos separando". (Mientras cae la presa.)

- "Estás loca". (Pretexto para quitarse la culpa de que fue sorprendido en el cinismo.)

9. LOS HOMBRES EN MI VIDA

Los primeros hombres en mi vida fueron el doctor y los enfermeros que me recibieron al momento de nacer. Se enamoraron de mí por ser tan robusta y me imagino que por venir dando las nalgas, pues nací sentada, pero lamento decirles que yo de ustedes ¡no me acuerdo! Luego conocí a mi padre y a mi hermano. Ellos fueron en realidad los primeros hombres con quienes tuve verdadero contacto y conviví más de cerca. Eran hombres valientes, que no andaban para nada con debilidades: en mi casa nunca faltó nada ni se descompuso nada, o al menos lo componían ellos, por lo que yo crecí con la idea de que los hombres eran todos así, y no eran para nada inútiles... ahora comprendo el origen de porqué detesto la debilidad en los hombres.

LOS HOMBRES EN MIS RELACIONES

Ahora vengo a caer que llené la mayoría de combinaciones de roto y descosida, según el grupo objetivo de ellos, basándome en los cambios que se tiene a través del tiempo.

Mi primer novio (yo, la bruta con el inseguro)

Para este entonces yo apenas era estudiante, iniciaba con mis negocios, era inocente, virgen, joven y bonita.

Recién ahora, 17 años después, me vengo a dar cuenta que en aquel entonces él y yo hicimos la pareja del inseguro fóbico al compromiso, con la bruta. En aquel tiempo yo no tenía experiencia sexual y él no era espectacular en la cama, por lo tanto, sabía perfectamente que no lo podía comparar con otros. Además, como era muy de mi casa, no tenía contacto con personas que me aconsejaran y me abrieran los ojos para darme cuenta, si era bueno o no. Cuando yo apenas empezaba a ser económicamente independiente, él estaba mal de dinero, por lo que él no se sentía muy inferior. Al estar con él, yo todavía no era profesional, y él tampoco, por lo tanto no había competencia entre nosotros. Si ahora, siendo lo que soy, él me cortejara, nunca me fijaría en él, y yo creo que si él lo hiciera, tomaría el papel de villano para hacerme sentir poca cosa y levantar su ego.

No niego que el hombre fuera muy guapo, fino y tuviera buenos modales. A esto atribuyo que no le importara mi belleza y atractivo ante los demás, ya que, físicamente sí se sentía seguro. Fue una relación desgastante, él era un tipo que no creía en el matrimonio, ni se quería casar nunca. Era un tipo orgulloso, violento y machista. Al principio logró enamorarme como es lo normal en la fase de conquista, en la que hasta el peor es encantador. Pero conforme el tiempo pasó yo fui abriendo los ojos, conociendo gente nueva y haciendo nuevas actividades, me di cuenta de que estaba perdiendo mi tiempo al lado de él, aguantando tantas cosas malas que me mataron el amor.

Siempre he sido de la idea de que cuando estoy con un hombre, le entrego lo material, lo carnal y lo espiritual, y él no fue la excepción. Yo tenía tan arraigados mis principios de fidelidad, que a él nunca le fui infiel ni con la mirada, y el día que lo fui, fue precisamente con la mirada, y ese mismo día lo dejé. Fue tal mi alivio, que ese día sentí respirar aire puro. A pesar de casi cinco años de relación, ese hombre así como vino se fue, y hasta la fecha no le tengo ni siquiera cariño. Su fin al día de hoy, es estar solo sin haberse casado nunca.

El pasmado y la desesperada

Esta combinación la viví con dos hombres que eran demasiado buenos para ser verdad, nobles, guapos, educados, trabajadores y lo más importante: me amaban. Sin embargo, su forma de ser tan lenta y apaciguada, para una mujer tan emprendedora como lo era yo en ese entonces, realmente era matador y desesperante. A mí me mataba su lentitud hasta para bañarse, no contaban con la chispa y malicia innata de los hombres, y a pesar de lo bueno, mostraban una debilidad extrema que hacía que no me sintiera protegida.

A estos hombres los quise en su momento, los aprecié y valoré muchísimo, pero químicamente no funcionábamos porque me mantenían de mal humor, y eso no le daba armonía a la relación, por lo que decidí dejarlos porque no era justo para ninguno de los dos: sus cualidades merecían ser mejor admiradas por una mujer pasmada. Justamente, a estos dos buenos hombres, les correspondió una mujer tranquila, que los quiere tal como lo merecen, lo cual me alegra mucho, porque los recuerdo como hombres que no me hicieron daño y que me quisieron bien.

El romántico y la enamorada del amor

Estas no fueron relaciones, sino verdaderos idilios con hombres salidos de cuentos de hadas: demasiado guapos, detallistas, pasionales, intensos, entregados, sin temor a decir te quiero, aunque no lo sientan, sin miedo a demostrar caricias delante de la gente. Estos divinos hombres en su mayoría fueron italianos, y los tuve en una etapa en la que yo vivía la vida y sus encantos, en la que mi dinero lo invertía en lo que me gustaba. Por cuestiones del destino no estoy con ellos, pero conservo un excelente recuerdo. Hasta donde sé, actualmente ellos están bien, la mayoría con mujeres buenas y lindas.

El caballero y la mujer fuera de serie

Para este entonces, yo era una veterinaria conocida, actriz profesional, mis empresas eran exitosas, económicamente muy estable, y con la belleza cultivada por los mejores años y la madurez de una mujer con diez años de emprender muchos proyectos y hacer lo que le gusta. Fue en ese momento cuando encuentro al verdadero caballero, un hombre elegante, de buen gusto, educado, inteligente, exitoso profesional, también actor, con buena posición laboral y económica, para nada tacaño, amable... en resumen, ¡un hombre admirable! Cabe mencionar que no era un hombre ni joven ni guapo. Al igual que los anteriores, era extranjero en un puesto delicado, por lo que nuevamente el destino nos separó, y con todas esas cualidades, estoy segura que debe estar muy bien.

La bella y la bestia

Después de estas bellas experiencias, yo seguía siendo la misma mujer dedicada más a mi profesión que a mis otras actividades. Fue en este momento en el que conocí de cerca al peor hombre en mi vida, el que tiene casi todos los siete defectos graves anteriormente mencionados: un hombre inseguro, fóbico al compromiso con el complejo de Don Juan a flor de piel, cínico, descarado, soberbio, tacaño, ermitaño, prepotente, y muy inestable.

Entre sus cualidades era no ser del todo feo, lo cual no me servía de nada, si en la cama no era bueno. Tenía mucho dinero pero era tacaño, muy atento en la calle y delante de la gente, pero no en la casa. Lo único de lo cual no puedo hablar mal, es que teníamos muy buen tema de conversación y una linda familia a quienes quiero con toda mi alma. Su fin fue rebotar con todas las que se le pongan enfrente, incluyendo mujeres que le hacen brujerías, que le intentan meter hijos ajenos para sacarle dinero, y mujeres que lo viven engañando. Su conclusión fue de pasar de fóbico al compromiso y villano con la bruta sucumbida, a ser el imbécil con la zorra.

La sucumbida y el cabrón necio

Literalmente quedé sucumbida y por buscar un clavo para sacar el otro, empecé con otra relación similar. A diferencia del otro, se trataba de un hombre divorciado que tenía gustos muy afines a los míos. En un principio le gustaba salir a los lugares que a mí también me gustaban, no era tacaño y era muy caballeroso para tratarme, nos involucramos mucho sexualmente, su círculo de actividades y personas, me agradaban. Su "no compromiso" y lucha por no enamorarse de mí, fue el delito que lo llevó a hacer burradas que me ofendieron mucho. Sin embargo, tuvo entre todo una gran cualidad: aceptar siempre sus errores y buscarme nuevamente, comprendiendo mis alejamientos ante sus actitudes desagradables hacia mí.

Este hombre ha sido uno de los hombres con quienes más he durado en una relación y no niego haberlo querido. Vivimos muchos altibajos juntos que nos unieron mucho. Su secreto fue cumplir literalmente su famoso dicho: "Más puede el burro por necio, que por feo". Obviamente esto se cumplió porque en un principio logró involucrarme con sexo y caballerosidad, luego, a pesar de sus desplantes, siempre me buscó para reivindicarse de sus errores. Sin embargo, cometió un grave error que lo llevó a comprar su boleto al rencor: pasarme en mi cara a otra mujer dos días después de amanecer conmigo. Esto es algo que nunca olvido y que hasta el día de hoy nunca perdoné, por haber tenido el descaro de ser él quien reclamó, diciéndome que por qué me metía en su vida, cuando me pronuncié ante su cinismo. Al igual que él lo hizo, esa misma semana busqué a alguien que tenía mucho tiempo de conocer, pero por respeto no me había atrevido.

El fin de este hombre fue seguir buscándome hasta el día de hoy, pase lo que pase. Su suerte ha sido la escasez de hombres que hace que uno prefiera al viejo conocido que siempre está dispuesto a tocar nuevamente el timbre de mi casa, a rebotar con nuevos... eso sí, mientras no llegue el indicado.

Y finalmente... el par de locos

Y después de tanta prueba y error, comprendí por qué pasan ciertos acontecimientos, y el que el canalla me haya pasado a la otra enfrente, me llevó a estar con este loco que hasta el día de hoy, no tengo ninguna queja de él. Es el único hombre que ha mostrado su seguridad ante mí, me admira, me comprende, a pesar de no ser una relación con compromiso, es alguien que no ha herido nunca mis susceptibilidades, no me ha tratado para nada mal, y es el único hombre con el que he tenido verdadera intimidad y no solo sexo, como es la costumbre de la mayoría, llegar, penetrar e irse.

El éxito de este hombre fue inicialmente la atracción mutua, el ser paciente y esperarme, ser agradecido, y sobre todo haberlo encontrado en su lucha para vencer la soberbia, lo cual hizo que me abriera las puertas a conocer su vida, sus fortalezas y debilidades, así como ser uno de los primeros en finalmente darme la oportunidad de conocerme en todas mis facetas y apreciarme. Él es el único hombre en mi vida, con quien me he acostado sin exigir ni pedir tanto a cambio, porque es tan bueno en la cama y conmigo, que se lo merece. No importando me llame, siempre al pasar la media noche y llegue con una botella en la mano. ¡Ay varón!

Lo interesante de esta historia, es que a este hombre, las demás mujeres no lo recuerdan así precisamente, quizá fui yo, quien contó con la suerte de encontrarlo en una fase de cambio. Tampoco digo que me sea exclusivo y que sea algo fijo mío, pero mientras tanto, fue lo más cercano a lo mejor, en una sociedad de machistas inseguros.

La cansada de besar sapos y los hombres casi perfectos

Lo que quedó de mí fue una mujer cansada de besar sapos. Una mujer relativamente joven, soltera, sin hijos, nunca casada ni que ha vivido con alguien, solvente, con los pechos naturalmente en alto, sin estrías, ni celulitis, sin nada postizo (todavía), profesional, trilingüe, actriz, escritora, empresaria, reina de belleza, medallas de oro por habilidades artísticas, excelente cocinera, pero sobre todo un ser humano correcto y con dignidad.

Siendo así decidí uno de los retos que una mujer no se puede perder: ser madre. En esta etapa conocí al hombre que pensé, en mi país ya no existía: un hombre que me ofreció tener un bebé con él, un hombre bello, pero básicamente seguro, que no se achicó conmigo, más bien me apreció y admiró, el hombre que con un simple mensaje de "buenos días" y "buenas noches" me cautivó. Su educación, su caballerosidad, su forma de vernos, esos contactos efímeros que no trascenderían mientras yo no lo permitiera, soy yo la que tendría que abrir las puertas y tomar esa decisión, pero como diría Julio Iglesias en su canción: "Llegamos tarde los dos en nuestro encuentro en la vida…" ¡Sorpresa! Era casado. Y usó la táctica de tocar mi punto débil y proponer tener un bebé conmigo para envolverme mientras caía. Aquí surgió la combinación de *la cansada de besar sapos con el detallista*.

A este punto de mi vida comprendí por qué los hombres correctos nunca llegan. Muchas mujeres en su búsqueda incansable por el eslabón perdido, terminan enamorándose de las cualidades de los casados, que no encuentran en los hombres disponibles.

Es fácil juzgar por qué muchas mujeres aguantan tanto, con un mismo hombre que a veces las trata mal. La respuesta es simple: cuesta mucho encontrar a un hombre de verdad. No pude describir cada historia con cada hombre, porque este libro se hubiera vuelto El Corán, pero en mi historia se resume la de muchísimas mujeres que ya están cansadas de besar sapos y de buscar al príncipe azul, porque en realidad nunca existió ni existirá. Lo que sí puede existir todavía, son los *caballeros*.

"He comprobado —por experiencias propias y ajenas— que muchas veces los hombres se comportan muy interesados al principio para luego alejarse y volverse fríos y desconsiderados. Pero nosotras solemos dejarlo pasar, hacemos de cuenta que no nos damos cuenta de esa comunicación 'no verbal' y solo vemos lo que queremos ver. ¡Nos hacemos las tontas, bah!, porque inconscientemente tenemos la idea de que —al revés de lo que dice el dicho— es mejor estar mal acompañada que sola..."

Estoy en un punto de mi vida en el que, al igual que muchas admirables mujeres, hice todo lo que quise con mucho éxito, tengo el autoestima elevada –lo cual me lleva a tener dignidad–, no niego que me gusta lo fino, el sentido común y el buen sexo; sin embargo, temo que esto no le agrada para nada a los hombres de cultura machista. Su inseguridad llega a tanto, que no soportan estar a la par de una mujer sobresaliente, sabiendo que no es tan fácil de engañar en ningún sentido. Ellos piensan que para estar a la altura de una mujer así tendrían que ser, guapísimos, millonarios, profesionales, ases en la cama... ¡qué tontos que son! No saben que una mujer verdaderamente inteligente, e independiente, no exige millones porque ha vivido en carne propia lo que cuesta ganar el dinero, tiene dignidad suficiente para no acostarse con alguien por obtenerlo, no exige tantos doctorados, pero sí inteligencia y cultura, porque lo que quiere, es un hombre que la sepa escuchar, con quien pueda hablar de cualquier tema, que la admire y que no la subestime. Ese hombre al que ella aspira, no necesariamente tiene que tener un físico, una billetera y un pene espectacular: lo único que tiene que hacer es darle su verdadero lugar, y este hombre para lograr eso, simplemente tiene que ser CABALLERO.

Esta mañana, mientras estaba sentada en un café terminando de escribir el libro, volví al inicio y recapacité en la serie caricaturesca donde al final nunca se supo con quién se quedó Candy, ya que, el cabrón se quedó con otra, el bonito falleció y al final solo se vio de espaldas, ¡la presencia de un caballero! Al tiempo que terminaba de escribir estas líneas, se acercó a mí un niño encantador, se sonrió y me dijo: "Señora guapa, hace mucho sol, ¿quiere mejor pasarse a mi mesa? Morí de ternura y pregunté: "¿Cómo te llamas?", a lo cual contestó: "Me llamo Johnny, igual que mi padre".

¡Ay, niñito seductor! ¡Tú tan caballero, y yo tan puta!

Un último consejo:

No los hace más hombres, el tener muchas mujeres a la vez: es preferible estar sujetados a un lazo fuerte que a varias cintillas débiles. El rechazo al compromiso y el amor a la "libertad", lo cual es instinto natural de una gran mayoría, hace pensar que es más cómodo tener a varias porque no se sufre y se es libre. Sin embargo, es todo lo contrario: el tener a varias crea un estrés innecesario por quererlas tener a todas a la vez y una lucha intensa por reponer a las que se van escapando del harén, y esto, lejos de ser interesante, con el tiempo pasa a ser desgastante.

Al final, ese complejo de Don Juan resulta en una triste soledad, o en una agobiante compañía con la mujer que no desearon. Mientras que el hombre que eligió no ser macho sino caballero, es el que resulta acompañado de muchas mujeres que lo aman: su madre, su esposa, sus hijas y hasta su suegra. Esto se los digo porque en carne propia, lo vi, lo viví y me lo contaron.

GRACIAS, HOMBRE DE MI VIDA

Mi amor bello, quiero darte las gracias por ser tú el que no solo comparte y disfruta mis éxitos, sino los admira... por ser tú el que se toma la molestia de avisarme cuando ha salido algo interesante mío en los periódicos, o si has escuchado algo bueno sobre mí.

Por mirarme con ojos de enamorado, sin perder tu masculinidad y fortaleza... por entrar a mi lado, orgulloso, a todos los lugares, a pesar de que todas las mujeres quisieran irse encima de ti por tu guapura, y no lo pueden disimular.

Por escucharme entablar una amena conversación sin estar a la defensiva, porque tu seguridad es tanta, que no lo necesitas.

Porque mi satisfacción es tu mayor afrodisíaco y no necesitas de pornografía ni de ningún estímulo para excitarte, porque tienes una diosa en la cama... a quien volviste así, porque fuiste tú el que inventó mil maneras de hacer el amor.

Porque no necesitas buscar gatas en la calle si tienes una leona a la par tuya, a quien transformaste así por el majestuoso trato que me das.

A quien tu familia te ama, porque fuiste tú quien se encargó de ponerme en la cima con ellos.

Eres el hombre que siempre he querido tener: guapo, varonil, inteligente, fuerte, cabrón, noble, humilde, excelente amante, pero sobre todo: **"CABALLERO"**.

No eres producto de mi imaginación, ni el príncipe azul del cuento de hadas, eres un hombre real, con nombre y apellido: **"HOMBRE IDEAL"**.

¡Te amo mi niño lindo!... Si leíste esto y te cayó el guante, pues sí: **"¡ERAS TÚ!"**

Bibliografía:

Dr. Ricardo Rubinstein, "El Nunca Jamás en el siglo XXI. Peter Panes, Wendys y Campanitas modernos", Grupo Editorial Lumen.

Dr. Ricardo Rubinstein, "Deportes al diván".

Erich Fromm, "El arte de amar", Editorial Paidós, Edición 2000.

Walter Ghedin, "Tipos que huyen. Los hombres prometen pero no cumplen. Las mujeres esperan y desesperan". **www.walterghedin.blogspot.com**

Nanci Martin, "Las mujeres NO siempre tenemos razón", Ediciones B.

Sitio Web www.entremujeres.com

Lic. Adriana Arias, psicóloga y sexóloga, coautora de "Locas y Fuertes" y "Bichos y Bichas del Cortejo", junto a *Cristina Lobaiza*, Del Nuevo Extremo.

Dr. Daniel Ciuciulete, **fundador del Instituto de yoga y ciencias alternativas (ATMAN) de Argentina. Profesor de yoga y tantra, doctor en medicina por la Universidad Académica de Bucarest (Rumania) y especialista en Ayurveda.**

Made in the USA
Las Vegas, NV
12 February 2022